乾偉 典藏

二〇〇一年十月二十一日

# 那比先丘經

中國佛教經典寶藏精選白話版

117

吳根友釋譯

星雲大師總監修

佛光山宗務委員會印行

# 總序

自讀首楞嚴，從此不嚐人間糟糠味；
認識華嚴經，方知己是佛法富貴人。

誠然，佛教三藏十二部經有如暗夜之燈炬、苦海之寶筏，為人生帶來光明與幸福，古德這首詩偈可說一語道盡行者閱藏慕道、頂戴感恩的心情！可惜佛教經典因為卷帙浩瀚，古文艱澀，常使忙碌的現代人有義理遠隔、望而生畏之憾，因此多少年來，我一直想編纂一套白話佛典，以使法雨均霑，普利十方。

一九九一年，這個心願總算有了眉目，是年，佛光山在中國大陸廣州市召開「白話佛經編纂會議」，將該套叢書訂名為《中國佛教經典寶藏》。後來幾經集思廣益，大家決定其所呈現的風格應該具備下列四項要點：

**一、啓發思想**：全套《中國佛教經典寶藏》共計百餘册，依大乘、小乘、禪、淨、密等性質編號排序，所選經典均具三點特色：

1歷史意義的深遠性

2中國文化的影響性

3人間佛教的理念性

**二、通順易懂**：每册書均設有譯文、原典、注釋等單元，其中文句鋪排力求流暢通順，遣詞用字力求深入淺出，期使讀者能一目了然，契入妙諦。

**三、文簡義賅**：以專章解析每部經的全貌，並且搜羅重要章句，介紹該經的精神所在，俾使讀者對每部經義都能透徹瞭解，並且免於以偏概全之謬誤。

**四、雅俗共賞**：《中國佛教經典寶藏》雖是白話佛典，但亦兼具通俗文藝與學術價值，以達到雅俗共賞、三根普被的效果，所以每册書均以題解、源流、解說等章節，闡述經文的時代背景、影響價值及在佛教歷史和思想演變上的地位角色。

茲値佛光山開山三十週年，諸方賢聖齊來慶祝，歷經五載、集二百餘人心血結晶的百餘册《中國佛教經典寶藏》也於此時隆重推出，可謂意義非凡，論其成就，則有四點成就可與大家共同分享：

**一、佛教史上的開創之舉**：民國以來的白話佛經翻譯雖然很多，但都是法師或居士個人的開示講稿或零星的研究心得，由於缺乏整體性的計劃，讀者也不易窺探佛法之堂奧。有鑑於此，《中國佛教經典寶藏》叢書突破窠臼，將古來經律論中之重要著作，作有系統的整理，爲佛典翻譯史寫下新頁！

**二、傑出學者的集體創作**：《中國佛教經典寶藏》叢書結合中國大陸北京、南京各地名校的百位教授學者通力撰稿，其中博士學位者佔百分之八十，其他均擁有碩士學位，在當今出版界各種讀物中難得一見。

**三、兩岸佛學的交流互動**：《中國佛教經典寶藏》撰述大部份由大陸飽學能文之教授負責，並搜錄臺灣教界大德和居士們的論著，藉此銜接兩岸佛學，使有互動的因緣。編審部份則由臺灣和大陸學有專精之學者從事，不僅對中國大陸研究佛學風氣具有帶動啓發之作用，對於臺海兩岸佛學交流更是助益良多。

**四、白話佛典的精華集粹**：《中國佛教經典寶藏》將佛典裏具有思想性、啓發性、教育性、人間性的章節作重點式的集粹整理，有別於坊間一般「照本翻譯」的白話佛典，使讀者能充份享受「深入經藏，智慧如海」的法喜。

今《中國佛教經典寶藏》付梓在即，吾欣然為之作序，並藉此感謝慈惠、依空等人百忙之中，指導編修；吉廣輿等人奔走兩岸，穿針引線；以及王志遠、賴永海等大陸教授的辛勤撰述；劉國香、陳慧劍等臺灣學者的周詳審核；滿濟、永應等「寶藏小組」人員的匯編印行。由於他們的同心協力，使得這項偉大的事業得以不負眾望，功竟圓成！

《中國佛教經典寶藏》雖說是大家精心擘劃、全力以赴的鉅作，但經義深邈，實難盡備；法海浩瀚，亦恐有遺珠之憾；加以時代之動亂，文化之激盪，學者教授於契合佛心，或有差距之處。凡此失漏必然甚多，星雲謹以愚誠，祈求諸方大德不吝指正，是所至禱。

一九九六年五月十六日於佛光山

# 編序

慈惠

## 敲門處處有人應

《中國佛教經典寶藏》是佛光山繼《佛光大藏經》之後，推展人間佛教的百冊叢書，以將傳統《大藏經》菁華化、白話化、現代化爲宗旨，力求佛經寶藏再現今世，以通俗親切的面貌，溫渥現代人的心靈。

佛光山開山三十年以來，家師星雲上人致力推展人間佛教不遺餘力，各種文化、教育事業蓬勃創辦，全世界弘法度化之道場應機興建，蔚爲中國現代佛教之新氣象。這一套白話菁華大藏經，亦是大師弘教傳法的深心悲願之一。從開始構想、擘劃到廣州會議落實，無不出自大師高瞻遠矚之眼光；從逐年組稿到編輯出版，幸賴大師無限關注支持，乃有這一套現代白話之大藏經問世。

這是一套多層次、多角度、全方位反映傳統佛教文化的叢書，取其菁華，捨其艱澀，希望既能將《大藏經》深睿的奧義妙法再現今世，也能為現代人提供學佛求法的方便舟筏。我們祈望《中國佛教經典寶藏》具有四種功用：

**一、是傳統佛典的菁華書**——中國佛教典籍汗牛充棟，一套《大藏經》就有九千餘卷，窮年皓首都研讀不完，無從賑濟現代人的枯槁心靈。《寶藏》希望是一滴濃縮的法水，既不失《大藏經》的法味，又能有稍浸即潤的方便，所以選擇了取精用弘的摘引方式，以捨棄龐雜的枝節。由於執筆學者各有不同的取捨角度，其間難免有所缺失，謹請十方仁者鑒諒。

**二、是深入淺出的工具書**——現代人離古愈遠，愈缺乏解讀古籍的能力，往往視《大藏經》為艱澀難懂之天書，明知其中有汪洋浩瀚之生命智慧，亦只能望洋興歎，欲渡無舟。《寶藏》希望是一艘現代化的舟筏，以通俗淺顯的白話文字，提供讀者遨遊佛法義海的工具。應邀執筆的學者雖然多具佛學素養，但大陸對白話寫作之領會角度不同，表達方式與臺灣有相當差距，造成編寫過程中對深厚佛學素養與流暢白話語言不易兼顧的困擾，兩全為難。

**三、是學佛入門的指引書**——佛教經典有八萬四千法門，門門可以深入，門門是無限寬廣的證悟途徑，可惜缺乏大衆化的入門導覽，不易尋覓捷徑。《寶藏》希望是一支指引方向的路標，協助十方大衆深入經藏，從先賢的智慧中汲取養分，成就無上的人生福澤。然而大陸佛教於「文化大革命」中斷了數十年，迄今未完全擺脫馬列主義之教條框框，《寶藏》在兩岸解禁前即已開展，時勢與環境尚有諸多禁忌，五年來雖然排除萬難，學者對部份教理之闡發仍有不同之認知角度，不易滌除積習，若有未盡中肯之辭，則是編者無奈之咎，至誠祈望碩學大德不吝垂教。

**四、是解深入密的參考書**——佛陀遺教不僅是亞洲人民的精神皈依，也是世界衆生的心靈寶藏，可惜經文古奧，缺乏現代化傳播，一旦龐大經藏淪爲學術研究之訓詁工具，佛教如何能紮根於民間？如何普濟僧俗兩衆？我們希望《寶藏》是百粒芥子，稍稍顯現一些須彌山的法相，使讀者由淺入深，略窺三昧法要。各書對經藏之解讀詮釋角度或有不足，我們開拓白話經藏的心意卻是虔誠的，若能引領讀者進一步深研三藏教理，則是我們的衷心微願。

在《寶藏》漫長五年的工作過程中，大師發了兩個大願力——一是將文革浩刧斷滅將盡的中國佛教命脈喚醒復甦，一是全力扶持大陸殘存的老、中、青三代佛教學者之生活生機。大師護持中國佛教法脈與種子的深心悲願，印證在《寶藏》五年艱苦歲月和近百位學者身上，是《寶藏》的一個殊勝意義。

謹呈獻這百餘册《中國佛教經典寶藏》爲　師父上人七十祝壽，亦爲佛光山開山三十週年之紀念。至誠感謝三寶加被、龍天護持，成就了這一樁微妙功德，惟願《寶藏》的功德法水長流五大洲，讓先賢的生命智慧處處敲門有人應，普濟世界人民衆生！

# 目錄

●題解……一
●經典……一五
1象王聽聞佛法……一七
2象王聽阿羅漢誦經……二三
3象王轉生人道……二五
4學道證果的那先……二八
5那先遊化人間……三九
6彌蘭王論破野想羅……四二
7王初見那先，問卿尊姓大名……五三
8以智者提問便與王對答……五九

●源流……一九三
●解說……二〇三
●參考書目……二一七

# 題解

《那先比丘經》，又叫《彌蘭陀王問經》，梵文寫作（Milindapañha）。該經主要記載了部派佛教後期——公元前二世紀中葉傳說中的佛教大師那先（Nagasena）與統治北印度的希臘王彌蘭陀說經論道之事。該經實際上反映了印度佛教文化與希臘文明的初次對話，是印希文明交流史上重要的歷史典籍。漢譯爲《那先比丘經》，不如南傳佛教命名爲《彌蘭陀王問經》準確。

## 那先比丘經的時代及漢譯時代

《那先比丘經》大約爲公元前一世紀前後的作品，它屬於佛教「三藏」經典之外的非經典的古典佛教作品。對於這部「非經典」的經典作品來說，其最初究竟是用何種語言寫成的？佛教學術史界的看法並不一致。歸結起來，大致有三種說法：即巴利文說；梵語或混和梵語說；翻譯說。印度哲學史家德·恰托巴底亞耶在《印度哲學》一書中提到，《那先比丘經》是用巴利語寫成的。中國佛教研究專家方廣錩先生在《中國大百科全書》宗教卷中提到，《那先比丘經》有梵語與混合梵語之說。英國佛教史專家渥德爾在《印度佛教史》一書中提到，《那先比丘經》是在公元前一世紀初在印度譯出寫定的。

除此三種比較明確的說法之外，還有一種比較含糊的說法，如日本學者水谷幸正認爲，《那先比丘經》在公元前二世紀左右就在印度河上游流行了，然後被移居來的希臘人所理解。但是，這一流行的版本究竟是何種語言寫成的，水谷幸正先生語焉不詳。這樣一來，關於《那先比丘經》的最初語言形態問題，便是一樁未了結的公案，有待史料的進一步地發掘、證實。

《那先比丘經》的成書過程及其最初的篇幅長度，也是一個沒有了結的公案。從現存的北、南兩種系統版來看，漢譯北本系統的東漢初年二卷本《那先比丘經》，只相當於七章的巴利文本的四分之一——即是巴利文本的序言及前三部分。即使是三卷本的漢譯本，也不及南傳的《彌蘭陀王問經》的一半。這其中的奧妙頗難決斷。據有些學者研究，南傳七章的巴利文《彌蘭陀王問經》，其經文的文體並不一致，有些篇章可能是後人增添的。由於英譯七章本的《彌蘭陀王問經》沒有翻成漢文，再加本人手頭一時找不到英譯本，故無從作比較研究。

不過依我看，七章本由於定型較晚，大約爲公元四世紀，距彌蘭陀王的統治時代約五百多年時間，其間有一些添加成分是不足爲奇的。根據小乘佛教經典的成書過程來看，大約都是由短到長。《那先比丘經》帶有極強的故事色彩，在流傳過程中，人們爲了追求「完美」，不斷地在其中增添內容是可能的，這也符合非個人創作的經典作品的成熟規律。我們若能就南傳七章本的內容作出詳細的研究，是能從中找到佛教從小乘到大乘的發展軌迹的。

北傳兩卷本《那先比丘經》雖在東漢年間傳入中國，但在漢代年間的佛經譯文目錄上並未見到《那先比丘經》。因此，《那先比丘經》傳入中國雖早，但譯出時間似乎較遲。它附在東晉時代，譯者亦不知何人。而且，此經在後代的著作中很少被提及，大約是此經中的思想與魏晉玄學不甚相契的緣故吧！

《那先比丘經》除漢譯本外，還有英、德、日、法等各種文字譯本。而用巴利語寫成的《彌蘭陀王問經》則有僧伽羅文、泰文、羅馬字母等不同文字拼寫本，可見此經在東西文化史上的地位。據石峻先生賜函指教，此經於上世紀由國際著名學者J. W. Ryhs Davids英譯爲The questions of King Milinda，收入牛津大學出版的《東方聖典叢書》（The sacsed books of the East, Edited by Max Müilles）第三

十五、三十六兩卷中。因武漢大學無此叢書，故無法比較研究。

## 那先比丘經的價值及其歷史地位

作爲小乘佛教的非經典的古典作品——《那先比丘經》，其宗教價值及其在佛教學術史上的地位，都是十分崇高的。

從其宗教價值來看，《那先比丘經》主要通過文學的對話形式，形象、生動地闡述了佛教的基本思想；並通過對當時雄健明智的希臘王彌蘭陀的折伏，顯示了佛教濟度世人的巨大精神力量。

從經文來看，彌蘭陀是一個類似柏拉圖社會理想中的「哲學王」。他對佛教以外的各種外道經典特別熟悉，並在具體的論辯過程中戰勝了這些外道論師。正當他目空一切，在殿堂上大聲詢問還有沒有人與他論辯之時，他身旁的大臣便向他推薦了那先。可以這樣說，那先折服了彌蘭陀王，不僅爲整個被征服的希臘統治地區的印度人民尋得了心理上的平衡，而且也突顯了佛教教義的戰無不勝的精神力量。彌蘭陀王被那先闡述的佛教勝義折伏之後，表示了對世俗王權的厭倦之情，嚮往佛教的涅槃境界。

這實際上充分顯示了佛教「超度功能」。一個人間至尊之王竟然對王位不感興趣，那麼世俗一般人的愛欲還有什麼值得留戀的呢？還有什麼不能放棄的呢？

超越對世間擁有的執著，是《那先比丘經》最為凸出的宗教價值。

從傳播佛教思想的角度看，《那先比丘經》所運用的譬喻說理方式，以及通過對比方式彰顯佛教眞正意旨的做法，對後來的「譬喻師」們說經起到了良好的影響。池田大作先生曾風趣地說《那先比丘經》是一部「佛教入門」式的教課書❶，則比較生動地說出了該經在傳播佛教勝義方面的貢獻。例如，在闡述佛教的「因緣和合」思想時，該經巧妙地通過對話形式，淺顯易懂闡明了「何為車」，「何為那先」之理，從而說明萬物乃是「衆因緣和合而成」的道理，教導人們不要偏激地執著於某一殊相。在揭示佛教眞正意旨時，該經作者通過比較方式，先引出彌蘭陀王與野和羅的一段對話作為鋪墊，然後再讓那先出場，說出佛教的意旨，從而在正反強烈對比中，讓人深刻領悟佛教的世界觀、人生觀。

如在經文上卷中，作者這樣寫道：王問野和羅出家的目的？野和羅答道：是為了今世得福和後世得福。王又問：居家之人「行忠政（正）」，「學佛道」，能得福否？野惒羅答道：可以。於是彌蘭陀王便話鋒一轉，問道：既然如此，爲何出家呢？野惒羅無言以對。這就表明，如果僅把佛教看作是獲得個人幸福的手段，這是一種誤解，於教理不通，於教旨不符。佛教乃是教人如何擺脫塵世的苦惱，進入涅槃的超越境界，才能獲得眞正的快樂。因此，當彌蘭陀王再次問那先爲何出家時，那先便回答道是爲了擺脫今世的痛苦，乃至後世的痛苦。痛苦的原因乃在於人有愛欲，家是愛欲滋生的溫床，只有出家，才能脫離痛苦的有形溫床，然後不斷精進，達到泯滅愛欲之心的智慧境界，從而進入涅槃境界。這樣，佛教對人世間的價值判斷——人間是苦；佛教的宗旨——救贖世人沈淪之心；佛教的超越世界——泥洹境界與世俗世界對抗的張力，便在這一對比敍述中顯示出來了。

從學術史的角度看，《那先比丘經》大抵上有兩個方面的意義。第一便是在印希文化交流史上的意義；第二便是從中窺視出早期佛教在受希臘文明影響後的細微變化，即佛教由重視經律發展到重視「論」的變化。這可能是由小乘到大乘佛教發展變化的契機。

從文化交流史的角度看，《那先比丘經》比較細緻地介紹了希臘與印度兩文明體系的思想對話過程，以宗教藝術的形式宣布了代表當時印度思想文化高峰的佛教思想的勝利。經文雖然主要是在闡述佛教思想，但由於是以對話方式闡述的，便不免要受到提問對方的問題限制。從提問的順序來看，大約是從認識人是什麼的問題出發，然後到對佛教及其教徒沙門在人世間的作用，然後再漸次涉入佛教的基本概念及其意義，基本的教旨及其修行方法；並且在其中還穿插了一些自然知識。整體看來，《那先比丘經》帶有鮮明的實證性傾向，其重點放在對「什麼是什麼？」（What is something ?）和「某物爲何是這樣？」（Why is something so that ?）的解釋之上；佛教對世界的價值判斷，佛教勸人超度及宣講的超度方法，並沒有在此經中被凸顯出來。由此，我們似乎也可以明瞭此經爲何在中國不受重視的某些原因。

從文化交流的心態來看，《那先比丘經》比較鮮明地反映了被征服地區人民的不服心理。作爲一個異族統治的國王——彌蘭陀，他可以用武力征服這個地區，但他最終被被征服地區的精神文化所折服。那先用佛教的勝義征服了彌蘭陀王，象徵了被統治地區人民精神上的勝利。同時，也通過對彌蘭陀王的「折服」，顯示了佛教在當時的世界性意義。可以這樣說，要研究希臘文明與印度文明的交流史，它們是如何交流的，在當時達到何種程度，涉及到哪些核心思想，其間的差異性在何處？《那先比丘經》都是一部不可逾越的經典。

從研究部派佛教後期思想向大乘佛教轉化的角度看，《那先比丘經》也是一部不可忽視的經典作品。在《那先比丘經》中，佛已經外化爲無所不知，無所不能，無與匹敵的人格神了。佛教從無神論開始向有神論過渡。而且印度宗教史也開始向一神論渡進。這可能表明，佛教在佛滅三百多年後，經過其弟子及教團的傳播，已經漸次取得主教的地位。而且，由於受到希臘實證思想的衝擊，佛教更加重視思辨的嚴密性和說理的經驗性，從而更加注重從知識論的角度來論證佛教的價值論思想。從論說的深刻性、細密性、通達性來說，《那先比丘經》超過了以往舊有的有部論師學說。它在譬喩和論理兩個方面，對後來的佛教學說都有影響。

## 那先比丘經的作者及經文中的彌蘭王其人

《那先比丘經》的作者究竟是誰，學術界並沒有定論。有人認爲就是那先（Nagasena），意譯爲龍軍❷，又，那先又音譯爲那伽犀那。

關於那先其人的身世，有些學者作了考證、研究。梁啓超在《佛學十八篇・那先比丘經書》一文中說道：那先確有其人。並引用《梵網經述記》，進一步證明其爲「罽賓」——即迦濕彌羅（今克什米爾）人。曾著過《三身論》（已佚）。阿難陀根據《彌蘭陀王問經》一書，對那先的身世作了較詳細的介紹。認爲那先是迦江迦羅（Kajangala），即中印度東部喜瑪拉雅山附近的一個小鎮的人，其父是婆羅門族人，名叫蘇魯達羅（Sonuttara）。那先在精通了三吠陀經以及歷史等學問以後，就依羅訶長老（Rohana）研究佛經。後來又從伐陀利耶（Vattaniya）的阿沙庫陀（As-sagutta）學習，然後他被派往巴連弗邑專門研究佛教。最後他又到沙迦羅（Sagala）的僧佉耶寺（Sankheya Monastery），在該寺中會見了彌蘭陀王[3]。

依北本《那先比丘經》看，那先的確先後師承過兩位師父，只是名字與《彌蘭陀王問經》不同。而且似乎有宿根，其舅父樓漢是一個已得阿羅漢道的沙門。那先十五、六歲時師舅父，作小沙彌，後得四禪境界，對各種經典十分熟悉。來到惒戰寺（又譯惒禪寺），得二位師父，一曰頞陂曰，一曰迦維曰。後因犯戒，被逐出寺門，獨處山林修道，道成，回惒戰寺，不受歡迎，轉入郡縣巷道，傳播佛教，聲名大振。最後轉入天竺舍竭國止泄坻迦寺，在此寺中，遇見前世相識的彌蘭陀王。

也許，關於那先的出生有些神話成分。但其中的成道經歷具有很大的可信性。不過，有些學者對那先其人是持懷疑態度的，認爲是傳說中的人物❹。亦有學者說，在一切有部裏，與彌蘭陀王對話的乃是「提地迦比丘」❺。在我看來，無論「那先」是否爲眞，但在印度部派佛教後期可能有一位佛教大師，曾與希臘人彌蘭陀進行過對話，並且說服了這位「哲學王」，否則，就不會在部派佛教的不同派別的經典中以及民間佛教中，流傳這一故事了。在我們沒有充分的證據證明此傳說人物爲假時，姑且相信這位佛教大師爲眞實的歷史人物，只是要剝離加在他身上的神話光環就是了。

與那先這一人物不同，彌蘭陀王乃是一眞實的歷史人物。彌蘭陀王，英文爲（Menandros），布拉克里特文爲（Menemdra），梵文爲（Milindra），巴利文爲（Milinda），漢文有時譯作「麥南德」、「美南多羅斯王」、「彌鄰陀王」，皆音譯也。他在位的時間大約是公元前一五五——前一三〇年❻。在彌蘭陀王統治印度之前，希臘軍隊曾於公元前三七〇年入侵印度，但不久就被印度人擊退。到阿育王後期，由於奢蜜多羅叛變，建立了巽伽王朝，破壞了印度的統一。在巽伽王朝（公元前一八〇——前一五〇多年）西北部，有很多少數民族入侵、騷擾，希臘人便是其中的隊伍之一。據說，奢蜜多羅爲了與阿育王比名聲，願以滅佛之惡名流傳後世。而彌蘭陀王則以護法的名義進攻巽伽王朝，最後取得勝利。從《那先比丘經》的經文來看，彌蘭陀王十分重視對當時印度各種教派學說進行研究，並以論辯方式駁倒各種宗派的思想。最後才碰到眞正的佛教大師的。

我們不知道彌蘭陀王是如何駁倒印度各派宗教思想的。但從與那先的對話中可以看出，他大抵上運用矛盾法、實證法、類推法、分析法等手段，分別擊倒其他各派思想的。但由於那先運用了辯證法、譬喻法，避實就虛，以殊相譬殊相，最終化解了彌蘭陀王的凌厲的提問。從對話中我們可以看到，彌蘭陀王是以希臘人的科學實證思惟來理解佛教教義的。這位「哲學王」的提問，對促進佛教論理說的發展，起到他本人也不曾預料的作用。在佛教史上，把他看作是著名的護法王，是有一定的歷史根據的。

## 注釋：

❶《我的佛教觀》第七十頁，池田大作著，潘桂明、業露華譯，四川人民出版社，一九九〇年四月第一版。

❷《飲冰室合集》專集第十四册之六十六〈那先比丘經書〉，梁啓超著，上海中華書局印行。

❸〈印度古代的幾位巴利文大師〉，阿難陀著，見《現代佛教學術叢刊㊾．佛教人物史話》第二十七頁，張曼濤主編，大乘文化出版社，民國六十七年六月版。

❹《印度哲學》第一二八頁，〔印度〕德．恰托巴底亞耶著，黃寶生、郭良鋆譯，商務印書館，一九八〇年一月第一版。

❺《印度佛教史》第三〇四頁，〔英〕渥德爾著，王世安譯，商務印書館，一九八七年四月第一版。

❻同❺。

經典

# 1象王聽聞佛法

**譯文**

佛在舍衛國祇樹給孤獨園時，諸多比丘僧、比丘尼、優婆塞、優婆夷、諸天、大臣、長者、一般人民以及九十六種外道的人，總共有一萬多人，一日，大衆都在佛座面前聽佛講經。佛心想：衆人聚在我處聽法，份子越來越複雜，大多數的人既歡喜講話，身心又難以安住。佛便想要捨離衆人而去，到閑僻安靜處所，靜坐沉思，參悟大道。佛生此念後，便立刻捨離衆人而去。走到山中，來到叢樹林中，這些樹頗有神異之氣。佛坐在樹下沉思，參悟大道。

離樹不遠之處，有一群大象約五、六百頭之多。其中有一位象王，看上去頗爲賢德和善，能知曉何爲善事何爲惡事，如人一般。大象很多，大多數都圍繞在象王身邊。諸位小象則走到所居之地前面的水塘之中，嬉戲打鬧塘水，使水變得混濁惡臭。諸位小象又走到前面水塘裏去喝水。一些在吃肥美之草，另一些在草地上奔跑踐踏。我們衆生的所作所爲大多數都有類似的缺點（先把東西弄髒，然後自己又去吃）。

諸大象及小象攪動塘水，使之混濁惡臭，也使草地之草變髒，然而常常又在飢渴之時，去飲用濁臭之水，啃吃踐踏過後之草。象王心想：我要拋開衆象，走到一個僻靜之處愉快一些。象王立刻拋開衆象而去，轉入山中，來到了頭羅叢樹之間。當時，象王看見佛陀也坐在樹下，心中大爲歡喜，立刻走到佛陀之處，低頭屈膝，向佛施禮，然後又退到一邊而立。佛心想：我拋開衆人，來到這些樹叢中間；沒想到象王也拋開衆象，來到這些樹叢之中；其中蘊涵的意義如此這般相同！

佛陀於是爲象王闡說經義，說佛是人間最尊貴的聖人，象王是象群中最尊貴的代表。佛說道：我心中所思與象王心中所想如此合拍，現在我就與象王一起共同在這片樹林裏快樂地生活。象王傾聽了經典之後，心意立刻開通，理解了佛之微妙之意。象王環視佛所住之處，隨即來回從容地走動，所到之處，用鼻噴水灑地，又用鼻子捲住野草掃地，用脚踩地，以使地面平整。象王每天朝暮侍候佛陀，天天如此。

## 原典

佛在舍衛國❶祇樹給孤獨園❷時，諸比丘僧、比丘尼、優婆塞❸、優婆夷❹、諸天、大臣、長者、人民及事九十六種道者，凡万餘人，日於佛前聽經。佛自念：人衆日多，身不得安。佛意欲捨人衆去，至閑避處，坐思念道。佛即捨人衆去。入山，至蕠樹❺閒，其樹大有神。佛坐其下，思念道。

去樹不遠，有群象五六百頭。中有象王賢善，知善惡之事，譬如人狀。象輩衆，多周匝❻象王邊。諸小象走居前水中，走戲，托撈❼水，令濁惡。諸小象復走居前食。噉美草❽，走戲蹈踐其上。我衆大多患是❾。

諸象及小象子托撈水，令濁惡，令草不淨，而反常飢飲濁惡水，食足踐之草。象王自念：我欲棄是諸象，去至一避處快❿耶。象王即棄諸象而去，轉行入山，到頭羅⓫蕠樹閒。象王見佛坐樹下，心大歡喜，即前到佛所，低頭屈膝⓬，爲佛作禮，却在一面住。佛自念：我棄衆人，來在是樹閒；象王亦棄衆象，來到是樹閒；其義這同！

佛爲象王說經，言佛於人中寂⓭尊，象王於象中寂尊。佛言：我心與象王心這相中⑭，今我與象王俱樂是⑮樹閒。象王聽經，心意即開，解知佛意。象王即視佛所，仿佯⑯經行處，以鼻取水灑地，以鼻撈草掃地，以足蹈地⑰令平好。象王日⑱朝暮承事⑲佛如是。

## 注釋

❶**舍衛國**：地名，即舍衛城，在今印度西北部拉普的河南岸。

❷**祇樹給孤獨園**：又稱「祇園精舍」。給孤獨相傳是舍衛城裏的一個富商，因好施捨孤獨之人而得此名。他皈依釋迦之後，購買了祇陀太子的花園贈送給釋迦。但祇陀太子只賣地面不賣園中之樹，而樹贈送給釋迦，故稱「祇樹給孤獨園」。後泛指佛教聖地。

❸**優婆塞**：即指在家奉持佛法的男子。

❹**優婆夷**：即指在家奉持佛法的女子。

❺**藂樹**：即叢樹。藂，音cōng，叢的異體字。

❻**周匝**：在周圍環繞成一圈。

❼**托撈**：別本《那先比丘經》作「撓撈」，即攪動之意。案：別本《那先比丘經》後縮「別本」。

❽**噉美草**：依「別本」，此句前後有漏譯之處，且語次頗雜。參見附錄「別本」卷上。噉，吃也。

❾**患是**：即有此缺陷。指人像衆小象一樣，既吃被攪濁的水而不知可惡，又以被踐踏過的髒草爲美食。這裏是借群象生活喻人世間飲食不乾淨。

❿**快**：輕鬆愉快。

⓫**頭羅**：「別本」譯作「校羅」。不知何樹。

⓬**低頭屈脥**：即低頭屈膝。低，低之異體字；脥，膝之異體字。

⓭**㝡**：最之異體字。

⓮**這相中**：即這麼合拍之意。中，符合、合拍之意。這，按文意應寫著「適」，恰恰之意。

⓯**是**：這也，指示代詞。

⓰**彷徉**：即彷徉，原意遊蕩、徘徊貌。此處作從容來回走動之意。

⑰**蹈地**：踏地、踩地。

⑱**日**：每天，名詞作副詞用。

⑲**承事**：即侍奉。

# 2象王聽阿羅漢誦經

## 譯文

過了很久之後，佛陀涅槃了。象王却不知佛陀到何處去了，仍然每天來到頭羅樹林，爲之周旋而走。到處尋找佛陀不得，便啼哭淚流，憂愁不樂，以至不能飲食。當時，國中正好有座佛寺廟舍建在山上，其寺名叫迦羅洹寺。寺中有五百名沙門常常居住在其中，這些沙門都證得了阿羅漢道。他們經常在每月八日、十四日、十五日、二十三日、二十九日、三十日等六齋日時，誦讀經書，直到天亮。

當時，象王也在山上，正好住在某寺之中。象王知道有六天時間誦讀經書。等到誦經之日，必定走到寺中，傾聽衆僧誦經。衆位沙門知道象王心想聽經，每次誦讀經書之時，一定等候象王來到，然後才開始誦讀經文。象王傾聽經文直至天亮，既不瞌睡也不臥下，不動不搖。

## 原典

佛久後般泥洹去。象王不知佛所在，爲周旋行。求索佛不得，便啼垂淚，愁憂不樂，不能食飲。時國中有佛寺舍在山上，名加羅洹寺。中有五百沙門常止其中，皆以❶得阿羅漢道❷，常以月八日、十四日、十五日、二十三日、二十九日、三十日，常以是日誦經，至明。

時象王亦在山上，止於寺中。象王知有六日誦經。至其日，當行入寺中，聽經。諸沙門知象王意聽經，欲誦經時，須象王來，乃誦經。象王聽經至明，不睡不臥，不動不搖。

## 注釋

❶**以**：通「已」字。

❷**阿羅漢道**：即指小乘佛教修行所能達到的最高境界，它消滅了一切煩惱而進入了涅槃境界，是小乘佛教聲聞四果中之第四果。

# 3象王轉生人道

**譯文**

由於象王多次傾聽佛經、侍奉佛陀的緣故，後來象王因爲年壽已高，命盡而死，死後便轉生人道，作爲某人之子而生於一個婆羅門的家中。

後來，年齡漸漸長大，沒有傾聽過佛經，也沒有看過一個沙門，便拋開家人而走，來到深山之中，學習異道，在山上住了下來。靠近他住的地方也有一個婆羅門的道人，與他一同住在山上，互相往來，結爲知心的朋友。他們倆之中有一人心想：我若不能斷絕世間憂苦、衰老、疾病，死後必然墮入地獄、畜生、餓鬼、貧窮之中。因爲這個緣故，我要剃掉頭髮，身披袈裟，追求進入羅漢涅槃的境界。另一個人心想：我寧願求作一國之王，獲得自由自在，並且使天下人民都要聽隨我的教化命令。

像這樣的發誓之後，兩人分別因年壽已盡而死，後又都轉生世間再次爲人。其中一個先前想要做國王的人，出生在海邊，成爲國王的太子，名字叫做彌蘭；其中一個生前想剃髮做沙門、尋求羅漢涅槃之道的人，出生在天竺（印度）國，名字叫陁獵，出生時皮膚有紋，狀似福田，彷彿肉披袈裟，有一頭大象與之同日而生。天竺稱象爲「那」，父母便稱其子爲那先。

## 原典

象王數聞❶經、承事佛故，後象王以壽命盡死，死後便化爲人，作子生婆羅門家。以後，年長大，不聞佛經，亦不見沙門，便棄家去，入深山，學異道❷，在山上止。近比❸亦有一婆羅門道人，俱在山上，相與往來，共爲知識❹。其一人自念言：我不能於世間懸❺憂苦、老、病，死後當入地獄、畜生、餓鬼、貧窮中。用❻是故，我欲剃頭鬚，披袈裟，欲求羅漢泥洹❼道。其有一人自念言：我願欲求作國王得自在❽，令天下人民隨我教令。

如是，久後，二人各命盡，俱生世間作人。其一人前求作國王者，生於海邊，爲國王太子，字彌蘭；其一人前世欲剃頭作沙門、求羅漢泥洹者，生於天竺，字陁獵，與肉袈裟俱生其家，有一大象同日生。天竺名象爲「那」，父母便字❾爲那先。

## 注釋

❶數聞：多次地聽到。

❷異道：指佛教以外的其他教派。

❸近比：緊鄰、緊挨著。比，靠近之意。

❹知識：知心朋友。

❺懸：吊起來，此處引申爲了結。

❻用：通「因」。

❼泥洹：即「涅槃」。指燃燒煩惱之火滅盡，已完成悟智（指菩提）之境地。

❽自在：自由自在，無人管束。

❾字：命名、取名。

## 4 學道證果的那先

**譯文**

等到長成十五、六歲時，那先有一個舅父，名字叫做樓漢，出家學道成爲沙門，其人是曠世高才，世間無人能與之相比。並且已經證得阿羅漢道，能夠從密封無間之中出來，也能鑽進沒有孔穴的器物之中，自由自在地變化，沒有什麼不能做到。天上天下的人民以及蠕動之類的東西，只要他心中有所思念，都能預先知曉他們從何處而來，死後又趨向何處。那先走到舅父的住處，自己申說道：「我喜歡佛所闡述的大道，要求成爲沙門，做舅父的弟子，能否同意讓我做沙門？」樓漢十分同情他的要求，立刻就讓他出家做小沙彌，先受十戒。然後每天誦讀經文，思惟佛經戒律，不久便證得四禪，全部知曉各部經典的精義。

當時，國中有座佛教寺院，名字叫做和戰寺。寺中有五百名沙門，都已證得阿羅漢道。其中有第一阿羅漢，名字叫頞波曰，能夠知道天上天下、過去未來現在的事情。

當那先年滿二十之時，便已接受了大沙門的經戒，來到和戰寺之中，到頞波曰住的地方來了。一日，正値十五，是僧團的布薩日，五百阿羅漢齊聚於講堂聽戒。大沙門都進去了，那先也夾雜在其中。諸沙門都坐下之後，頞波曰環視坐中諸沙門，知道他們皆是阿羅漢，唯獨那先還沒有證得阿羅漢道。

頞波曰爲刺激那先便說道：「譬如人們擇米，所有的米都是正等白米，其中有一粒黑米，人們就會立刻剔去這粒黑米，因爲它是粒壞米。現在我的所坐之中，都是清淨白米，唯獨那先是粒黑米，尙未證得阿羅漢道啊！」那先聽到頞波曰這般地說法，心中大爲憂愁！趕緊站起來，向五百沙門施禮。出去後心中想道：我不應該坐在衆人之中，所有在座比丘，都已證得解脫，成就阿羅漢道，唯獨我例外。這彷佛是座中衆位皆是獅子，忽而其中夾雜著一條狐狸野狗一般。我從此以後，若不能證得解脫道，決不進入衆人之中而坐。頞波曰早已知曉那先心意，用手慈悲地摩弄那先頭頂說道：「不久的將來，只要你努力，就可以證得阿羅漢道，不要憂愁。」於是便挽留那先住下。

那先還有一位師父，年屆八、九十歲了，名字叫加維曰。衆人之中有一位優婆塞，十分賢德和善，每天爲加維曰大師提供齋飯。那先要爲師父持鉢取飯的時候，師父命令那先口中含水，走到優婆塞家，去取回飯食。優婆塞看見那先年少端正，與一般人大爲不同！以往之時便很有名，很早就聽說他很有智慧，胸襟廣闊遼遠，頗有大志，能夠闡發經中的大道。優婆塞看到那先前來，趕緊向他施禮，並合掌說道：「供養諸位沙門齋飯已有很長時間了，不曾有一個沙門向我闡說經中大道。現在我向那先請求，但願能向我闡述佛經，解開我心中的迷惑愚闇。」

那先心中想道：我已接受了師父的教誡，他命令我口中含水，不許說話。我現在若是吐出口中之水，便是違背了師命，這又該怎麼說呢？那先知道優婆塞也是高才有志之士，我若向他闡說經意，想必他立刻便可得道。

於是那先便吐出口中之水並坐下，替優婆塞闡述經意道：「人應當布施做一些福善之事，奉行佛的經律教戒，死後再轉生人間，便能得到富貴之福。人若不違犯經律戒律，死後就不再墮入地獄、餓鬼、畜生道中，或貧苦窮困之中，就可以生於天上享樂。」優婆塞聽到那先所說之經，心中大爲歡喜。那先也知道優婆塞心中歡喜，便又爲他闡述較深的經義：世間萬事萬物都必然會流逝滅亡的，沒有一事是常住不變的。各種所作所爲都很辛勤勞苦，萬物都不能自由自在。唯有證入涅槃之道，就意謂著不再轉世而生，也不衰老，沒有疾病，也不會死亡，沒有憂愁，也沒有煩惱，唯有滅除各種惡念和招致苦的原因，才能脫離無盡的輪迴，獲得眞如的快樂。

那先說完經義之後，優婆塞即證得了第一須陁洹道，那先也因此而證得了須陁洹道。優婆塞十分歡喜，便極力給那先做出美好的飯菜。那先對優婆塞說先取飯菜放在師父的鉢中。那先吃完飯，洗臉漱口完畢，便手持飯菜而回交給師父。師父看到那先說道：「你今天雖拿回美好飯菜，可是你已違犯僧團的規定，以之冒犯衆人，應該把你驅逐出去。」那先大爲憂愁，心中不樂。師父命令道：「集合大衆比丘。」大衆都集合起來了，全部坐定了。師父說道：「那先不稟師教冒犯了我輩衆人之約法，理應將他驅逐出去，不要再讓他在衆人中住下。」頞波曰藉經文替那先求情說道：「譬如人用一支箭，射中兩個目標物，那先自己得道，又使優婆塞也得道，這是十分難得之事，不應該逐出那先。」師父迦維曰說道：「即使一箭射中一百個目標物，總而言之都是違犯了衆人之約，就得接受處罰，不能再住在此處。其他各人務必持戒，不能像那先一樣，如果有人敢效法那先，爲維持法紀的尊嚴應該如那先一樣立即將之逐出僧團，不予共住。」坐中衆人，都沈默不語。師父命令立即逐出那先。

那先便虔誠地彎下腰，以頭頂禮師父之脚以示懺悔。起身之後，又遍向諸位比丘僧作禮。之後便走出和戰寺。進入深山之中，坐在樹下，晝夜努力精進向道，不敢懈怠，最後終於證得阿羅漢道，能夠飛行，自由無礙，得到了天眼通、天耳通及能徧知六道衆生心中所思的他心通，也證得了宿命通和斷盡三界的見思惑，不受生死的漏盡通。證得阿羅漢道之後，便又回到和戰寺中，到諸位比丘居住之處，虔誠地懺悔往昔之過，以期求得他們的理解。諸位比丘當即表示歡迎，並聽隨他本人之便。

## 原典

年十五、六，那先有舅父，字樓漢，學道作沙門，大高才，世間無比。已得阿羅漢道，能出無閒，入無孔，自在變化，無所不作。天上天下人民及蠕動之類，心所念，皆豫知❶之，生所從來，死趣何道。那先至舅父所，自說言：「我喜佛道，欲作沙門，爲舅父作弟子，寧可持我作沙門？」樓漢哀❷之，即聽❸作沙彌，受十戒。日誦經，思惟經戒，便得四禪❹，悉知諸經要❺。

時國中有佛寺舍，名和戰寺。中有五百沙門，皆得羅漢道。其中有第一羅漢，名頞波曰，能知天上天下、去來現在之事。

那先年至二十，便受大沙門經戒，便到和戰寺中，至頞波曰所。時五百羅漢這❻以十五日說大沙門戒經，在講堂上坐。大沙門皆入，那先亦在其中。諸沙門悉坐，頞波曰悉視坐中諸沙門，心❼皆是羅漢，獨那先未得羅漢。

頞波曰言：「譬若錫米❽，米正白，中有黑米，即剔，爲不好。今我坐中，皆白清淨，獨那先黑，未得羅漢耳！」那先聞頞波曰說如是，大憂愁！起，爲五百沙門作禮。出去自念：我不宜在是座中坐，譬若衆師子❾中有狐狗。我從今以後，不得道，不入中坐。頞波曰知那先意，以手摩那先頭言：「汝得羅漢道不久，莫愁憂。」便止留那先。

那先復有一師，年八、九十，字加維曰。其中有一優婆塞，大賢善，曰餅加維。那先主❿爲師持鉢，行取餅食具，師今⓫那先口含水行，到優婆塞家，取餅食具。優婆塞見那先年少端正，與人絕異！有名字、智慧⓬，廣遠有志，能說經道。優婆塞見那先前[13]，爲作禮，叉手言：「飰[14]諸沙門日久，未曾爲我說經者。今我從那先求哀[15]，願與我說經，解我心意。」

那先自念：我受師教戒，令我口含水，不得語。我今吐水者，爲犯師要，如是當云何[16]？那先知優婆塞亦高才有志，我爲其說經，想即當得道。

那先便吐水却坐[17]，爲說經言：「人當布施作福善，奉行佛經戒，死後生世間，得富貴。人不犯經戒者，後不復入地獄、餓鬼、畜生中，貧窮中，得生天上。」優婆塞聞那先說經，心大歡喜。那先知優婆塞心歡喜，便復爲說經：世間万物皆當過去，無有常。諸所作皆懃苦，万物皆不得自在。泥洹道者，不生不老，不病不死，不愁不惱，諸惡懃苦皆消滅。

那先說經竟，優婆塞得第一須陁洹道[18]，那先亦得須陁洹道。優婆塞大歡喜，便極與那先作美飰具[19]。那先語優婆塞先取飰具置師鉢中。那先飰竟，澡漱訖畢，持飰具還與師。師見言：「汝今日持好飰具來，以犯[20]衆人，要當逐出汝[21]。」那先大愁憂，不樂。師教言：「會[22]比丘僧。」悉[23]會，皆坐。師言：「那先犯我曹[24]衆人要，來當[25]逐出，無令在衆中止。」頞波曰說經言：「譬若人持一箭，射中兩准[26]；那先自得道，亦復令優婆塞得道，不應逐出。」師迦維曰：「政使㉗一箭射中百准，會爲㉘犯衆人要，不得止。餘人持戒，不能如那先得道，如效那先，當用絕後㉙。」衆坐中皆默然。師教即逐出那先。

那先便以頭面㉚禮師足。起，遍爲比丘僧作禮。訖竟，便出去。入深山，坐樹下，晝夜精進，思惟道不懈，自成㉛。得羅漢道，能飛行，徹視徹聽，知他人心所念善惡，自知前世所更從、來生㉜。得羅漢道已，便來還入和戰寺中，詣㉝諸比丘所前，頭面悔過，求和解。諸比丘僧即聽之。

## 注釋

❶**豫知**：即預知。

❷**哀**：憐憫。

❸**聽**：任憑、隨某人之意。

❹**四禪**：即第四禪天的境界，已脫離八災患（即尋、伺、苦、樂、憂、喜、出息、入息等八種能動亂禪定之災患），故也稱爲不動地。

❺**要**：精義、核心之義。

❻**這**：「別本」譯作「適」。適，恰好、正逢。「別本」更準確。

❼**心**：心中以爲，用「心」觀照。名詞動用。

❽錫米，麗刻本作「揚米」，「別本」譯作「折米」。當以麗刻本爲準。或「別本」折米應寫作「擇米」，則亦可。

❾**師子**：即獅子。

❿主，麗刻本作「旦」，依麗本。

⓫今，麗刻本作「令」。依麗本。

⓬**有名字、智慧**：此句頗爲不通，無法斷句。「別本」譯作「宿知有慧，預聞有明志之名」。依上下文，「別本」更爲準確。此句下「廣遠有志」大約爲「預聞有明志之名」意的誤譯。

⓭**前**：前來、走近。

⓮**飰**：即飯字。爲某人供飯。名詞動用。

⓯**求哀**：即哀求、苦苦請求之意。

⑯**當云何**：怎麼說、怎麼交待。

⑰却坐，「別本」作「而坐」。依「別本」。

⑱**須陁洹道**：指斷盡三界之見惑，意爲開始進入聖道，可以譯「入流」，是小乘修行所達到的四種道果之一，即聲聞四果的「初果」。

⑲**飣具**：即飯菜。

⑳**以犯**：「以之犯」之省略語。「之」代指美飯菜。

㉑**汝**：你。

㉒**會**：集合、召集。

㉓**悉**：全部、都。

㉔**曹**：輩。

㉕**來當**：理應。

㉖**准**：目標、靶子。

㉗**政使**：即使、縱使。

㉘**會爲**：總之都是。

㉙**當用絕後**：應該因此行爲而斷絕日後修行。由此見迦維曰尤重教之戒律。

㉚**頭面**：即完全彎下腰，跪下以頭臉觸捱，意爲極虔誠。

㉛**自成**：自我修煉，證成正果。

㉜**能飛行……更從、來生等句**：此句爲證得阿羅漢的六種神通：

㈠神足通：指能飛行自在，隨心所欲現身之能力。

㈡天眼通：能見六道衆生生死苦樂之相，及見世間一切種種形色，無有障礙。

㈢天耳通：能聞六道衆生苦樂憂喜之語言，及世間種種之音聲。

㈣他心通：能知六道衆生心中所思之事。

㈤宿命通：能知自身及六道衆生之百千萬世宿命及所作之事。

㈥漏盡通：斷盡一切三界見思惑，不受三界生死，而得漏盡神通之力。

㉝**詣**：來到。

## 5那先遊化人間

**譯文**

那先行禮完畢之後，便又辭別了和戰寺。轉而走到各郡縣，在街曲、里巷之中，爲一般人闡說佛經戒律，教導人們一心向善。在所教的人當中，有接受五戒的人，有的證得了須陁洹道；其中也有證得斯陁含道的人；其中也有證得阿那含道的人；其中甚至還有人出家作沙門，而證得阿羅漢道的人。第二忉利天的天帝釋，第七天的梵天王，還有第四天的天王等等，都來到那先的住所，向他施禮，虔誠地以頭頂禮那先之足，然後退到一邊坐下。那先便爲諸天王闡說佛經要義，從此那先的聲名傳播四方。那先所到之處，諸天、人民、鬼神、龍等，見到那先，無不歡喜，都獲得福報。

那先便又轉到天竺的舍竭國，住在泄坘迦寺之中。

## 原典

那先作禮訖竟，便出去。轉行入諸郡縣，街曲、里巷，爲人說經戒，教人爲善。中有受五戒者，得須陁洹道者；中有得斯陁含道❶者；中有得阿那含道❷者；中有作沙門，得羅漢道者。第二忉利天❸帝釋，第七天王梵，第四天王，皆來到那先所，作禮，以頭面著足、却坐❹。那先便爲諸天說經，名字聞四遠。那先所行處，諸天、人民、鬼神、龍，見那先，無不歡喜者，皆得其福。

那先便轉到天竺舍竭國❺，止泄坻迦寺中。

## 注釋

❶**斯陁含道**：即小乘佛教聲聞四果中的第二果。其從人間生於天界，又從天界生於人間。由欲界九品之修惑，遂須在欲界中生死七次，即在人、天中各受七生。

❷**阿那含道**：即小乘佛教聲聞四果中的第三果。其斷盡欲界九品修惑中之後三品，而不再返至欲界受生之階位。因其不再返至欲界受生，故稱爲不還。

❸**忉利天**：又作三十三天，帝釋天在中央，其四方各有八天，合爲三十三天。此天位於欲界六天中之第二天。

❹**却坐**：此處意爲退到一邊坐下。

❺**舍竭國**：印度古國名。《大唐西域記》中作「奢羯羅」。屬磔迦國舊城。東據毗播奢河，西臨信度河，蓋爲迦濕彌羅（即罽賓）東南境內的大國。依梁啓超釋，見《飲冰室合集》專集第十四。

# 6 彌蘭王論破野恕羅

## 譯文

此時，有前世的舊相識一人，在海邊作國王的太子，名字叫做彌蘭。彌蘭從小的時候就愛好讀經，學習外道道術，全部通曉外道道術的經典及其綱要。外道道人沒有一人能夠戰勝他。彌蘭的父親壽終正寢之後，彌蘭便立爲國王。彌蘭王向左右邊旁的大臣問道：「我國之中得道之人以及其他的人民，有誰能夠與我共同辯駁論說經義嗎？」旁邊大臣回答道：「有學習佛道的人，人們稱他們爲沙門。這些人頗具智慧，高妙通達，能夠與大王共同辯駁論說經義。他們在北方大秦國，名字叫舍竭，它乃是古代帝王之宮。該國內外都安於隱居，人民都十分和善；它的城池四周都有復道相通，各邊城門都有雕樑畫棟；及至其國中其他小國，都有許多高明人士。人民穿著的衣服，色彩光輝燦爛。國土因地勢高處而乾燥，珍寶十分衆多；四方商人做生意，在此地都用銅錢作爲流通貨幣；五穀豐收而糧價低賤，家家都有積餘，人民生活樂不可言。

」

這裏所說的彌蘭王，他以正法治理國家，才華橫溢且有智謀，對於政府管理之事明察通達，各種戰鬪之韜略，沒有一樣不精通；能夠知曉九十六種外道道術之精義，所有疑問不能難倒他，人只要從他身邊經過說些話，便能預知此人的意思及其目的。王對身邊的大臣說道：「這其中有明白經典要義的沙門，能與我共同駁難論說經義的人嗎？」王的傍臣，名字叫沾彌利望群的人，向王進言道：「肯定有。有一位沙門，名字叫野惒羅的人，明曉通達經義，能夠與王共同駁難論說經義。」

彌蘭王立刻便下詔命沾彌利望群動身，去請野惒羅，說大王要見大師。野惒羅說道：「大王要想相互見面的話，很好。但王應當自己來啊！我可是不去的。」沾彌利望群立即回來，如實地把這番話告訴了大王。

彌蘭王立刻乘車，與五百隨從一道走到寺中，與野惒羅會見。上前相互寒暄問訊，然後各自就坐。五百隨從也都坐下。

王便問野惒羅道：「卿因何緣故，拋開家庭捨棄妻子兒女，剃掉頭髮，身披袈裟，作起沙門來？卿所追求的究竟是什麼樣一種人生境界？」

野恕羅說道：「我輩學習佛道，以中道作爲行爲準則，在現世可以獲得此一作法的好處，在後世也可以獲得此一作法的福澤。因爲這些緣故，我剃掉頭髮，身披袈裟，成爲沙門。」

王向野恕羅問道：「假若有在家學佛的居士，居於家中，雖有妻子兒女，也能持守中道，在現世能獲得好處，在後世也能獲得福澤嗎？」野恕羅回答道：「在家學佛的居士，居於家中，勤修佛法，雖有妻子兒女，在現世能獲得好處，在後世也能得其福澤。」

王又問道：「既然如此，卿爲何又白白地拋開家庭，捐棄妻子兒女，剃掉頭髮，披上袈裟，出家作沙門呢？」野恕羅沈默不語了，不知如何回答王的提問。

彌蘭王的旁臣向王說道：「這位沙門乃是十分明達有智慧之人，因爲一時緊迫倉促回答不上來罷了。」但是王的其他旁臣都舉起手說道：「大王得勝囉！」野恕羅沈默無語承認失敗。彌蘭王左右前後巡視，在座的優婆塞臉上並沒有慚愧的顏色。王心中想道：這些優婆塞面顏沒有慚愧之色，難道還有明慧機智的沙門能和我共相詰難論道的嗎？王對旁臣沾彌利望群說道：「是不是還有明達智慧的沙門能與我共同詰難論道呢？」

那先，現在是諸沙門的老師了。他通曉各經要點與難點，能巧妙地闡述十二部經，以及對種種別本異本的篇章、各種句子，理解知曉涅槃之道的奧秘。沒有一個人能窮盡他的知識，沒有一個人能戰勝他。他的智慧如江河海洋一般寬廣深奧，能夠制伏九十六種外道，被佛弟子所敬愛，憑借對經道的圓融知識而成爲教授。那先來到舍竭國之時，其所跟隨而來的弟子，個個都是高明之人。那先常常講經弘法，教人善法，辯才勇猛，能作獅子吼。

沾彌利回答王道：「有位沙門，名字叫那先。他智慧精微絕妙，通曉各部經典的核心思想，能夠解答人們心中所疑，無所不通，能夠與王辯論經義。」彌蘭王問沾彌利道：「眞的能與我共同辯論經義嗎？」沾彌利說道：「的確如此！他常常與第七梵天一起辯論經義，更何況是與人間之王呢？」王立即下詔命沾彌利，去請那先前來。沾彌利迅速來到了那先之處，向那先說道大王想要見他。那先說道：「很好！」即刻便與弟子一道，來到彌蘭王的住處。

王雖然未曾見過那先模樣，但那先在衆人中所著之裝，所走之步履，與其他人大不相同！王遠遠地看著，心中已猜測到了誰是那先。王自言自語地說道：「我前前後後所見的人很多，大多數都屬於平庸之輩，大多數都未曾使我感到恐怖，如今日遙見那先這般。今天那先，一定會戰勝我。我心中感到惶惶不安。」

這時沾彌利走上前來，向王報告道：「那先已經出發，立刻便到。」王立即問沾彌利，哪一位是那先？沾彌利立即回答，因之指出那先讓王看到。王立即大為歡喜，說道：「正是我心中所猜的那位！」

## 原典

有前世故知識❶一人，在海邊作國王子，名彌蘭，彌蘭少小好讀經，學異道，悉知異道經法。異道人無能朊者❷。彌蘭父王壽盡，彌蘭立為王。王問左右邊臣言❸：「國中道人及人民，誰能與我共難❹經道者？」邊臣白言：「有學佛道者，人呼為沙門。其人智慧妙達，能與王共難經道。北方大臣國❺，名沙竭❻，古王之宮。其國中外安隱❼，人民皆善；其城四方皆復道❽行，諸城門皆刻鏤❾；及餘小國，皆多高明。人民被服，五色焜煌，❿國土高燥，珍寶⓫衆多；四方賈客賣買，皆以金錢⓬；五穀豐賤[13]，家有餘畜，樂不可言。」

其王彌蘭，以正法治國，高才有智謀，明於官事；戰鬪之術，無不通達；能知九十六種道，所問不窮，人適發言，便豫知其所趣[14]。王語傍臣言：「是閒寧有[15]明經沙門，能與我共難經說道者不？」王傍臣，名沾彌利望群，白王言：「然。有沙門，字野想羅明[16]經道，能與王難經道。」

王便勑沾彌利望群即行，往請野想羅，言大王欲見大師。野想羅言：「王欲相見者，大善。王當自來耳！我不往。」沾彌利望群即還，白王如是。

王即乘車，與五百伎[17]共行到寺中，與野想羅相見。前相問訊[18]，就坐。五百騎從皆坐。

王問野想羅：「卿用何等故，棄家捐妻子，剃頭鬚，被袈裟，作沙門？卿所求何等道？」

野想羅言：「我曹學佛道，行中正，於今世得其福，於後世亦得其福。用是故，我剃頭鬚，被袈裟，作沙門。」

王問野想羅：「若有白衣居家，有妻子，行中正，於今世得其福，於後世亦得其福不？」野恕羅言：「白衣⑲居家，有妻子，行中正，於今世得其福，於後世亦得其福。」

王言：「卿空棄家，捐妻子，剃頭鬚，被袈裟，作沙門爲？」野恕羅默然，無以報王。

王傍臣白言：「是沙門大明達，有智者，迫促不及言耳。」王傍臣皆舉手言：「王得勝。」野恕羅默然受負⑳。王左右顧視㉑，優婆塞面亦不慙。王自念：是諸優婆塞面不慙者，復有明健㉒沙門能與我共相難者耳？王語傍臣沾彌利：「寧復有明智沙門能與我共難經道者無㉓？」

那先者，諸沙門師。知諸經要難，巧說十二品經，種種別異章、斷句，解知泥洹之道。無有能窮者，無能勝者。智如江海，能伏九十六種道，爲佛弟子所敬愛，以經道教授㉔那先來到舍竭國，其所相隨第子㉕，皆復高明。那先如猛師子㉖。

沾彌利白㉗王：「有沙門，字那先。智慧微妙，諸經道要，能解人所疑，無所不通，能與王難經說道。」王問沾彌利：「審㉘能與我共難經道不？」沾彌利言：「唯然㉙。常與第七梵天共難經說道，何況於人？」王即勑沾彌利，便行請那先來。沾彌利即到那先所，白言大王欲相見。那先言：「大善！」即與弟子相隨行，到王所。

王雖未嘗見，那先在衆人中披服行步，與人有絕異！王遙見，隱知㉚那先。王自說言：「我前後所更見衆大多，入大坐中大多，未嘗自覺恐怖，如今日見那先。今日那先定勝我。我心惶惶不安。」

沾彌利居前㉛，白王言：「那先以發，且到。」王即問沾彌利，何所㉜是那先者?沾彌利白，因指示王㉝。王即大歡喜：「正我所隱意是。」

## 注釋

❶**故知識**：舊相識、老朋友。

❷無能朊者，「別本」作「無能勝者。」麗刻本「朊者」亦作「勝者」。

❸**言**：道。

❹**難**：互相辯論。

❺北方大臣國，「別本」作「今在北方大秦國。」依「別本」。

❻**名沙竭**：「別本」作「國名舍竭」。依上文意，沙竭應作「舍竭」，正與那先行程

相符。

❼**安隱**：以隱居（實際爲出家）爲安。此乃中國人以自己文化中「隱士」來理解、翻譯印度的出家人。

❽**復道**：即「複道」。指樓閣之間上下兩重通道而最上層者，稱之爲「復道」。此處主要是用來說明該國繁榮與發達。

❾**刻鏤**：即雕刻。

❿**人民被服，五色焜煌**：形容人民穿著，特別光彩燦爛。焜煌，燦爛耀眼。此句亦是漢譯的習慣。中國人總以爲野蠻的少數民族，不穿衣或穿獸皮。人民被服，乃是高度文明的象徵。

⓫**珎寶**：即珍寶。

⓬**皆以金錢**：皆以銅錢作爲流通貨幣，形容該國經濟發達。金，此處爲銅。錢，作爲錢，動詞。

⓭**豐賤**：即豐收而價賤之意。

⓮**所趣**：即所趨，意爲想什麼、要到達何處、有何目的等意。

⑮**是閒寧有**：是閒，指彌蘭王國中之國舍竭國中。寧有，豈有、有沒有。

⑯**明**：通曉。

⑰五百伎，「別本」作「五百騎」。依「別本」。

⑱**問訊**：即問訊、寒暄之意。

⑲**白衣**：一般的人。印度人在家均穿白衣。

⑳**受負**：承受失敗。

㉑**顧視**：回頭看。

㉒**明健**：「別本」作「明經健沙門」。意爲通達善於辨論的和尚。

㉓**無**：語助詞，相當於「嗎」。

㉔以經道教授，「別本」作「以經道教授人」。語義更完整，依「別本」。

㉕**弟子**：應作「弟子」。

㉖**猛師子**：即猛獅子。

㉗**白**：告訴。

㉘**審**：的的確確，眞的。「審能……不」句式意爲「眞的能……嗎？」

㉙**唯然**：的確是這樣。

㉚**隱知**：暗中就知道了。

㉛**居前**：先走了。

㉜**何所**：哪一位。

㉝**指示王**：指給王看。指示，指某（人或物）以給某（人）看。

# 7王初見那先，問卿尊姓大名

## 譯文

那先即刻便來到跟前。王因之立即迎上前去，相互寒喧問訊作禮，王便感到大爲歡喜。因此共同相向而坐。

那先對王說道：「佛經上說道：『人心安穩，是爲最大好處；人若知道滿足，是爲最大的富貴；人若有所誠信，便是最大的厚道。人證涅槃，是最大的快樂。』」王便問那先：「卿尊姓大名如何稱呼？」那先說道：「父母給我取名爲那先，人們叫我爲那先，有時候父母也叫我爲首那先，有時候又稱我爲維迦先。因爲這一緣故，人們都能夠認識我，世人都像我這樣，有個名字，那不過是方便稱呼的假名罷了。」

王問那先：「那先是指什麼呀？」王又問道：「是頭叫那先嗎？」（那先回答道：）「頭不是那先。」王又說道：「耳、鼻、口是那先嗎？」「不是那先。」王又說道：「頸項、肩臂、手足是那先嗎？」「不是那先。」王又說道：「腿脚是那先嗎？

「不是那先。」王又說道：「顏面容貌是那先嗎？」「不是那先。」王又說道：「苦樂是那先嗎？」「不是那先。」王又說道：「善惡是那先嗎？」「不是那先。」王又說道：「身軀是那先嗎？」「不是那先。」王又說道：「肝肺、心脾、腸胃是那先嗎？」「不是那先。」王又說道：「顏面容貌是那先嗎？(此語爲衍文，上已問過)」「不是那先。」王又說道：「苦樂、善惡、身心，共同合起諸件物事，能否成爲那先嗎？」那先說道：「不是那先。」王又說道：「沒有苦樂，沒有顏面容貌，沒有善惡，沒有身心，沒有這五種物事，能否成爲那先嗎？」那先說道：「不是那先。」王又說道：「聲響、喘息，是那先嗎？」那先說道：「不是那先。」王問道：「那麼究竟什麼東西是那先呢？」

那先問王道：「什麼是車呢？車軸就是車嗎？」王回答道：「不是車。」那先說道：「輦是車嗎？」王說道：「輦不是車。」那先說道：「輻是車嗎？」「不是車。」那先說道：「輞是車嗎？」「不是車。」那先說道：「轅是車嗎？」「不是車。」「軛是車嗎？」「不是車。」那先說道：「轝是車嗎？」「不是車。」那先說道：「蓋是車嗎？」「不是車。」那先說道：「共同將這些材木的某一方面特點加起來，豈就是車了嗎？」「不是車。」那先說道：「輪子滾動所發出的音聲是車嗎？」「不是車。」那先說道：「那麼什麼才是車呢？」彌蘭王一時語塞，沉默不言了。

那先接著說道：「佛經上說道：『綜合這些材質的功能因而成爲車之功能，因而得到我們想要的完整之車。』人也是這樣，必須綜合頭、面、目、耳、鼻、口、頸項、肩臂、骨肉、手足、肺、肝、心、脾、腎、腸胃、顏色、聲響、喘息、苦樂、善惡，然後才合聚成爲一個完整的人。」王說道：「說得好哇！說得好哇！」

## 原典

那先即到。王因前，相問訊語言，王便大歡喜。因共對坐。

那先語王言❶：「佛經說言：『人安隱，寂大利；人知足，寂爲大富；人有所信，寂爲大厚。泥洹道，寂爲大快。』」王便問那先：「卿字何等❷？」那先言：「父母字我爲那先，人呼我爲那先，有時父母呼我爲首羅先❸，有時父母呼我爲維迦先。用是故，人皆識知❹我，世閒人皆有是❺耳。」

王問那先：「誰爲那先者？」王復問言：「頭爲那先耶？」「不爲那先。」王復言：「耳、鼻、口爲那先耶？」「不爲那先。」王復言：「頭項❻、肩臂、手足爲那先耶？」「不爲那先。」王復言：「脞脚❼爲那先耶？」「不爲那先。」王復言：「顏色爲那先耶？」「不爲那先。」王復言：「苦樂爲那先耶？」「不爲那先。」王復言：「善惡爲那先耶？」「不爲那先。」王復言：「身爲那先耶？」「不爲那先。」王復言：「肝肺、心脾、腸胃❽爲那先耶？」「不爲那先。」王復言：「顏色爲那先耶？」「不爲那先。」「苦樂、善惡、身心合是事❾，寧爲那先耶？」言：「不爲那先。」王復言：「無有苦樂，無有顏色，無有善惡，無有身心，無是五事，寧爲那先耶？」那先言：「不爲那先。」王復言：「聲響、喘息，寧爲那先耶？」言：「不爲那先。」「何等爲那先者？」

那先問王：「何所爲車者？軸爲車耶？」「不爲車。」那先言：「轚❿爲車耶？」王言：「轚不爲車。」那先言：「輻爲車耶？」「不爲車。」那先言：「輞⓫爲車耶？」「不爲車。」那先言：「⿰車桼⓬爲車耶？」「不爲車。」「軛爲車耶？」「不爲車。」那先言：「轝⓭爲車耶？」「不爲車。」那先言：「蓋爲車耶？」「不爲車。」那先言：「合聚是材木著一面，寧爲車耶？」「不爲車。」那先言：「音聲爲車耶？」「不爲車。」那先言：「何等爲車耶？」王默然不語。

那先言：「佛經說：『合聚是諸材木用作車，因得車。』人亦如是，合聚頭、面、目、耳、鼻、口、頸項、肩臂、骨肉、手足、肺、肝、心、脾、腎、腸胃、顏色、聲響、喘息、苦樂、善惡，合爲一人。」王言：「善哉！善哉！」

## 注釋

❶**語王言**：對王說道。
❷**何等**：是什麼。
❸首羅先，麗本作「首那先」。羅、那，音近。
❹**識知**：認識。
❺**是**：此處指代「名字」。意爲像我那先這樣，有一個名字，別人可以稱呼。
❻**頉項**：應作頸項。
❼**胜脚**：胁，音bì，股也，即大腿。腿脚是也。
❽**腸胃**：今應寫作「腸胃」。腸，腸之誤也。

❾是事：這些部分、物事。

❿輋：應是「輦」字。

⓫輞：應作「輞」字。

⓬轃：應是「轅」字。

⓭轝：應是「輿」字。

## 8以智者提問便與王對答

### 譯文

王又問道：「那先還能與我共同辯難經義闡述大道嗎？」那先說道：「假如大王能作爲一個智者來提問，我就能夠與你對答；大王若是以王者的身分來提問、以愚者的身分來提問，我就不能與你對答了。」王說道：「聰明人之問、帝王之問、愚蠢人之問，各是什麼意思？」那先說：「智者之間對話，相互詰難，語有上等，語有下等之分。對談中有了勝負結果，則雙方自己知道，這便是智者的對話；王者的對話，是自我放縱恣肆，若有敢於違拗，不聽從王者之言的人，王便強行誅殺勿論，這便是王者說話方式；愚蠢之人的對話，其話語太長自己都不知道什麼意思，其語句很短也不知說了些什麼，暴戾自大，僅僅是追求勝利的結果而已。這便是愚蠢之人的說話方式。」王說道：「願以智者的方式對話，不會用王者、愚者的方式對話。你不要用對待王者的心態與我說話，應該像與諸沙門在說話，應該像與諸弟子在說話，就像與優婆塞在說話，應該像與使者在說話，最終目的是應當相互啓發開悟。」那先說：「太好了！」

王說道：「我想要有個問題要問。」那先說：「王便問罷了。」王說道：「我已經問過了。」那先說：「我已回答了。」王說道：「用什麼語言回答了我？」那先說：「王又問了我什麼問題？」王說道：「我沒有什麼可問的。」那先說：「我也沒有什麼可回答的。」

王因此立刻明白那先是特別明達智慧之人。王說道：「我剛才本有許多問題要問的，日落天暗，怎麼辦呢？明天，應該請那先到宮中好好地相互駁難辯論一番。」沾彌利望群立即告訴那先道：「日已傍晚，大王應當回到宮中。明天，王定當請那先去宮中。」那先說：「那太好了！」王立即向那先施禮，騎馬回宮而去。在馬上，繼續考慮第二天那先來到的時候如何提問。

第二天，沾彌利望群以及旁臣們都向王啓奏道：「請還是不請那先呢？」王說道：「理應當去請。」沾彌利望群說道：「如果請的話，應當請多少沙門一起來到呢？」王說道：「由那先自己決定與多少沙門一同來。」這時，旁邊有另一主藏大臣。立於主藏地位的這個人，名字叫慳慳。他向王啓奏道：「讓那先與十位沙門一起來就行了。」像這樣地啓奏了三遍。彌蘭王生氣地說道：「爲什麼老是說讓那先與十位沙門一起來呢？」王又說道：「你名字叫慳，的確不錯。固執地慳惜皇家的財物。要是你自家的財物，那還不知如何得了？你觸犯我的意志，該有殺頭之罪。你可以走開了。愍念你慳吝無知，特赦免你的罪過算了。現在我身爲一國之王，難道不能承受供養沙門的飯食嗎？」慳慳十分恐懼害怕，不敢再說一句話了。

沾彌利望群來到那先住的地方，向那先施禮，並告訴了大王請那先去的話。那先說：「王要求我與幾位沙門同去？」沾彌利望群說道：「隨便那先與多少沙門一道前往。」那先便與野恕羅等八十位沙門一起前往。沾彌利望群在即將進城時，於道途之中，便問起那先昨日回答王說「沒有那先」一語的意思。那先便問沾彌利望群道：「您的意思那先究竟應該是什麼呢？」沾彌利望群說道：「我認爲喘息、出入，生命之氣便是那先。」那先問道：「人的氣（流）一旦呼出，就不再回到本身；那麼這個人還是活的嗎？」沾彌利望群說道：「呼氣出而不再有氣進入的人，必然就會死去。」那先又說道：「像有人吹奏笳樂，氣出就不再回來了；像那些手持鍛金筩吹火的人，氣流一旦吹出時，豈還能回去否？」沾彌利望群說道：「不再回去。」那先說道：「同樣是氣流湧出而不再回去，這些人爲什麼還不死呢？」沾彌利望群說道：「喘息之間的深奧道理，我不知曉。但願那先替我輩解說清楚。」那先說：「喘息的氣流，都是身中的固有物事，就像人心總會有所思念一樣。舌頭將心念說出，是舌頭的特殊功能；意有懷疑的對象，心中對此對象加以考慮，這便是心的特殊功能。每一部位都各自有自己的特殊功能，分開來看它們，都是四大皆空的而並沒有那先在其中的。」沾彌利望群當下心意立刻就開通領悟了，便成爲在家修行的優婆塞，並受了五戒。

那先便走進宮中，來到了王的居處，走到宮殿之上。彌蘭王立即迎上前來，向那先施禮然後便退回原位。那先便就坐，八十位沙門也都坐下了。王親手捧著精美的飯菜，放到了那先面前。吃完飯以後，漱口洗手完畢。王便供養衆沙門，每人一件雙層袈裟，皮革製鞋一雙；供養那先、野和羅每人三件袈裟，一雙皮革製鞋。王又對那先、野和羅說道：「留下十個人共同在一起就坐，其餘的人讓他們回去。」那先立刻遣回其餘的沙門讓他們回去，與十位沙門一同留在王宮。王又下詔：「後宮諸貴妃、樂伎都出來，在殿上帳中傾聽我與那先論說經義。」當時，後宮的貴妃、樂伎都出來，在殿上帳中聽那先論說經義。

這時，王親自搬著座位坐在那先面前。王問那先道：「應該辯論什麼呢？」那先說道：「王若想傾聽核心之言，就當說核心言語。」

## 原典

王復問言：「那先能與我難經說道不？」那先言：「如使王作智者問，能相答；王作王者問、愚者問，不能相答。」❶王言：「智者問、王者問、愚者問，何等類？」那先言：「智者語，對相詰，相上語，相下語。語有勝負，則自知，是爲智者語；王者語，自放恣❷，敢有違戾❸不如王言者，王即強誅罰❹之，是爲王者語；愚者語，語長不能自知，語短不能自知，儱悷❺自用，得勝而已。是爲愚者語。」王言：「願用智者言，不用王者、愚者言。莫持王者意與我語，當如與諸沙門語，當如與諸弟子語，如與優婆塞語，當如與給使者語，當以相開悟。」那先言：「大善。」

王言：「我欲有所問。」那先言：「王便問。」王言：「我已問。」那先言：「我已答。」王言：「答我何等語？」那先言：「王問我何等語？」王言：「我無所問。」那先言：「我亦無所答。」

王即知那先大明慧。王言：「我甫始❻當多所問，日反欲冥❼，當云何？明日當請那先於宮中善相難問。」沾彌利望群即白那先言：「日暮，王當還宮。明日，王當請那先。」那先言：「大善！」王即爲那先作禮，騎還歸宮。於馬上續念那先至。明日❽，沾彌利望群及傍臣白王言：「當請那先不？」王言：「當請。」沾彌利望群言：「請者，當使與幾❾沙門俱來？」王言：「自在那先與幾沙門俱來。」主藏者，名慳慳，白王言：「令那先與十沙門共來可。」如是至三。王瞋恚❿，言：「何故齊⓫令那先與十沙門共來？」王言：「汝字慳，不晏⓬。強⓭惜王物。自汝物，當云何？汝逆我意，當有誅罰之罪。可⓮。言可哀，赦汝過。今我作國王，不堪⓯餙沙門耶？」慳大恐怖，不敢復語。

沾彌利望群到那先所，爲作禮，白言大王請。那先言：「王當令我幾沙門共行？」沾彌利望群言：「自在⓰那先與幾沙門共行。」那先便與野惒羅八十沙門共行。沾彌利望群且欲入城時，於道中，並問那先：「往日對王言『無有那先』何以⓱？」那先問沾彌利望群；「卿意何所爲那先者？」沾彌利望群言：「我以爲喘息、出入、命氣爲那先。」那先問言：「人氣一出，不復還入；其人寧復生不？」沾彌利望群言：「氣出不復還入者，定爲死。」那先言：「如人吹笳[18]，氣出不復還入。如人持鍛金筩[19]吹火，氣一出時，寧得復還入不？」沾彌利望群言：「不復還。」那先言：「同氣出不復入，人何故猶不死？」沾彌利望群言：「喘息之間，我不知。願那先爲我曹解之。」那先言：「喘息之氣，皆身中事，如人心有所念者。舌爲之言，是爲舌事；意有所疑，心念之，是爲心事。各有所主，視之虛空無有那先[20]。」沾彌利望群心即開解，便作優婆塞，受五戒。

那先便前入宮，到王所，上殿。王即前，爲那先作禮而却[21]。那先即坐，八十沙門皆共坐。王手[22]自持美飦食，著[23]那先前。飦食已竟，澡手（水[24]）畢訖，王即賜諸沙門，人一張疊袈裟，草屣各一量[25]，賜那先、野惒羅各三領袈裟，各一量草屣。王語那先、野惒羅言：「留十人共止，遣[26]餘人，皆令去。」那先即遣餘沙門去，與十人共止留。王勅：「後宮諸貴人、伎女[27]悉出，於殿上帳中聽我與那先共難經道。」一時貴人、伎女悉出，於殿上帳中聽那先說經。

時王持座[28]坐於那先前。王問那先言：「當道說何等？」那先言：「王欲聽要言者，當說要言。」

注釋

❶此段顯示了那先過人的智慧。智者能以智護其身，不遭王權的迫害。

❷**放恣**：恣意妄爲。

❸**違戾**：違拗、違背、不順從。

❹**誅罰**：殺戮懲罰。

❺**憹悷**：即暴戾之意。

❻**甫始**：開始、剛開始、起初。

❼**日反欲冥**：反，通返；冥，即「冥」字。

❽**明日**：第二天。

❾**幾**：多少。

❿**瞋恚**：圓睜雙眼而發怒。恚，音huaì，憤怒。

⓫**齊**：總是。

⑫**不晏**：的確不錯。

⑬**強**：固執的。

⑭**可**：此處譯文似有漏譯之嫌。「別本」作「可去。」意暢通。

⑮**不堪**：不能承受。

⑯**自在**：隨便。

⑰**何以**：爲什麼用……，此乃倒裝句，原句語序應爲「何以『無有那些』對王言」？

⑱**笳**：一種樂器，與笛子類似。

⑲**鍜金筩**：筩，音tǒng，竹筒。鍜金筩，蓋爲金屬做的吹火筒。

⑳此句「別本」譯作「分別視之，皆虛空，無有那先也。」意思通暢，當依「別本」。

㉑**却**：離開。

㉒**手**：親手、親自。

㉓**著**：放。

㉔**水**：此「水」當爲衍字。

㉕**一量**：麗刻本寫作「一緉」，即一雙之意。後「一量」同此。
㉖**遣**：遣散、遣回。
㉗**伎女**：「別本」作「妓女」，即歌伎是也，非今人商業化之妓女也。類似中國古代的嬪妃。
㉘**持座**：搬個座凳。此句極寫彌蘭王對那先的尊敬，由於前番折服了他。

## 第一問因何緣故作沙門呢？

**譯文**

王說道：「你們佛道之中什麼是最上等之善呢？您們又因什麼緣故作沙門呢？」那先說：「我們爲了想要拋開世間的種種苦惱，不再經受後世苦惱，所以作沙門。」王說道：「沙門之中，都是這樣的嗎？」那先說道：「並不都是因爲這一追求而作沙門的。其中有的因爲負債無力償還，爲逃避債務而作了沙門的，其中有的因爲畏懼官府追捕的作了沙門，其中有的因爲貧窮作了沙門的。」那先又說道：「我僅僅說出了爲要脫離愛欲、苦惱，滅除今世的辛懃痛苦的一種情況，至於心念沒有入道作沙門的，我未說罷了。」王說道：「現在您是因爲什麼作沙門的呢？」那先說道：「從小就作了沙門。有佛教經典闡述了其中的道理：『要想解脫今世、後世的苦惱，就去做沙門。』」王說道：「說得好哇！說得好哇！」

## 原典

王言：「卿曹道何等寂爲善者，用何故作沙門？」那先言：「我曹輩欲棄世間苦惱，不復更後世苦惱，故作沙門。」王言：「沙門者，悉尒❶不？」那先言：「不悉用是故作沙門。中有負債作沙門者，中有畏縣官作沙門者，中有貧窮作沙門者。」那先言：「我但說欲脫愛欲、苦惱，滅今世懃苦，至心求道作沙門者耳。」❷王言：「今卿用是故作沙門耶？」那先言：「少少❸作沙門。有佛經道是故：『欲棄今世、後世苦惱，作沙門。』」王言：「善哉！善哉！」

## 注釋

❶尒：「爾」之異體字。代詞，「這樣」之義。

❷我但說……沙門者耳，此一長句，意思與上文頗爲不貫。依「別本」，譯作「我本至心求道，故作沙門耳。」語義曉暢，與上下文貫通，當依此。參見附錄「別本」。

❸少少，「別本」寫作「少小」，當是。

## 第二問人死還受後有之身？

## 譯文

王問道：「難道人死後還要輪迴再生嗎？」那先說：「人如若有恩愛、貪欲的話，後世便會再次投胎爲人。沒有恩愛、貪欲的話，後世便不再投胎輪迴再生。」

原典

王問言：「寧有人死後復生不？」那先言：「人有恩愛、貪欲者，後世便復生爲人。無恩愛、貪欲者，後世便不復生。」

第三問一心念正法，不受後有之身？

譯文

王說道：「人若一心一意以正法爲念，後世便不再輪迴了嗎？」那先說道：「人若一心一意以正法爲念，並能念及智慧及其他善事，依此功德之力，後世便不再輪迴了。」

原典

王言：「人以一心念正法，後世不復生耶？」那先言：「人一心念正法，智慧及餘善事，後世不復生。」

## 第四問善心念正法與智慧本質相同嗎？

### 譯文

王說道：「人以善良之心努力地按照正法去思惟，與以狡黠之智慧去按正法思惟，是二種不同行爲呢，還是本質意義是相同的呢？」那先說道：「這二者的本質意義是不同的。」王說道：「牛馬等六畜各自有其自己的思惟，它們的心念不同嗎？」（案：此處疑原典文有漏失，如依別本，則續譯：那先說：「牛馬等六畜各自有思惟，而心念也各自不同。」）那先說：「王曾經看過割麥的情形沒有？左手抓住麥苗，右手用刀割之。」那先說道：「有黠慧之人，一心繫念正念，令不散亂，以智慧之劍斷絕愛欲，就像割麥的人一樣。正念與智慧二者同時運作，才能解脫生死。」王說道：「說得太妙了！說得太妙了！」

## 原典

王言：「人以善心念正法，與黠慧❶者，是二事，其義寧同不？」那先言：「其義各異不同。」王言：「牛馬六畜各自有智謀，其心不同？」那先言：「王曾見穫麥者不？左手持麥，右手刈之❷。」那先言：「黠慧之人，斷絕愛欲，譬如穫麥者。」王言：「善哉！善哉！」

## 注釋

❶**黠慧**：狡黠的智慧，非正智。

❷**刈之**：割之。「之」，指代麥苗。

## 第五問什麼是餘善事呢？

### 譯文

王又問那先：「什麼是其餘的善事呢？」那先說：「所謂誠信正法、孝順慈悲、不斷地努力向上、以善爲念、使心思專一、具有智慧等等，這便是善事。」

王說道：「什麼是誠信正法呢？」那先說道：「誠信正法，即是對三寶沒有猜疑。相信有佛，相信有佛法，相信有清淨的比丘僧，相信有阿羅漢道的境界存在；相信有今世、後世的輪迴報應；相信孝敬父母之道，相信作善得善報，作惡得惡報；相信以上這些觀點之後，日後必能心得清淨，遠離五惡。」

「什麼叫做五惡呢？」那先言：「第一惡是貪婬泆，第二便是瞋怒，第三便是懶惰嗜睡眠，第四便放縱歌舞音樂，第五便是懷疑他人。不遠離這五惡，心意就不得安定；遠離了這些五惡，心意便能清淨。」那先又說：「譬如遮迦越王，率領他的車馬隨從人員一起渡河，使得河水濁惡不堪。渡過河水以後，遮迦越王口渴了，想要喝水。但水已混濁不能喝，王隨身帶有使水變清的珠子放入水中，水立刻就變得澄明清淨了，王便能夠有清淨水喝了。」那先說道：「人心中有五惡干擾，就如濁水一般。佛的衆弟子證得了超脫生死的大道，這些人的心獲得了清淨，就像有清水珠使水變清了一般。同樣，人若能退却諸惡，誠信清淨，人心就會像明月之珠一般，清明光耀。」王說道：「說得好哇！說得好哇！」

王又問那先道：「所謂精進誠信，又是怎麼解釋呢？」那先說道：「佛的諸弟子見同輩中有人修行而心得清淨、解脫，其中有得須陁洹道的人，其中有得斯陁含道的人，有得阿那含道的人，或有得阿羅漢道的人，因之便想相互效仿踐行誠信，善爲修持，畢竟證果，以便可以超度世間之苦。」那先說：「譬如山上下大雨，山洪下瀉其水勢浩大。站在山洪兩邊待渡的人因爲不知水流的淺深，個個畏懼不敢向前渡水。此時，假若有一個遠道而來的善知識察視該水流，憑直覺知曉該水流的寬廣度及深淺度，並且自知自己的力量可以入水，而且能夠渡過去。兩邊衆多人群便跟隨他渡水的路線渡過水流。有誠信的佛弟子也是這樣引導人們度脫世間苦難。人心一旦清淨，便是須陁洹道，進而得斯陁含道，再進而得阿那含道，最後得阿羅漢道，善心精進，得道的過程便是這樣。所以佛經上說道：『人若有了誠信之心，可以自己達到超脫世俗的境界。』人若能自我控制，便能制止住五種欲望。人若能自知身軀是苦惱之根源，便能自我超度解脫。人都是憑借智慧而最終圓滿成就道德。」王說道：「說得太好了！說得太好了！」

## 原典

王復問那先：「何等爲餘善事者？」那先言：「誠信、孝順、精進、念善、一心智慧，是爲善事。」

王言：「何等爲誠信者？」那先言：「誠信，解人疑。信有佛，信經法，信有比丘僧，信有羅漢道；信有今世，信有後世；信孝父母，信作善得善，信作惡得惡；信有是，以後心便清淨，去離五惡❶。」

「何等五？」「一者婬泆❷，二者瞋怒，三者墮臥，四者歌樂，五者疑人。不去是五惡，心意不定；去是五惡，心便清淨。」那先言：「譬如遮迦越王❸，車馬人從濔度❹，令水濁惡。過度以去，王渴，欲得水飲。王有清水珠置水中，水即爲清，王便得清水飲之。」那先言：「人心有五惡，如濁水。佛諸弟子度脫生死之道，人心清淨，如珠清水。人却諸惡，誠信清淨，如明月珠。」王言：「善哉！善哉！」

王復問那先：「精進誠信者，云何？」那先言：「佛諸弟子自相見輩中說❺諸清淨，中有得須陁洹道者，中有得斯陁含道者，中有得阿那含道者，中有得阿羅漢道者。因欲相效❻行誠信，便得度世道。」那先言：「譬如山上大雨，其水下流廣大。兩邊人俱不知水淺深，畏不敢前。若有遠方人來視水，隱知❼水廣狹、深淺，自知力勢能入水，便得過度去。兩邊人衆便隨後度去。佛諸弟子如是。人心清淨，便爲須陁洹道，得斯陁含道，得阿那含道，得阿羅漢道，善心精進，得道如是。佛經說言：『人有誠信之心，可自得度世。』人能自制，止却❽五所欲。人自知身苦惱，能自度脫。人皆以智慧成其道德。」王言：「善哉！善哉！」

## 注釋

❶**去離五惡**：遠離五惡。

❷**婬泆**：即婬泆，意爲放蕩、不檢點、過分縱欲。

❸遮迦越王：意為轉輪王。
❹濿度：快速渡河。
❺說：通「悅」。
❻相效：互相效法、摹仿。
❼隱知：憑心中意念猜想而知，即直覺。
❽止却：控制住並能摒棄。

## 第六問什麼叫做慈悲？

### 譯文

王又問那先：「什麼叫孝順慈悲呢？」那先說道：「各種善事都是孝順慈悲。」那先說：「有四種善事，心意可以依止。」王說道：「什麼是心意可以依止的四種善事？」那先說道：「第一是能夠看清自身中外內的東西為不淨（觀身不淨）；第二是知道欣求樂受中反生苦的原因（觀受是苦）；第三是知道心的善惡之念是生滅無常（

觀心無常）；第四是知道一切法皆依因緣而生，無有自性（觀法無我）；這些便是四種善事。」

那先說道：「還有四件事情。」「什麼樣的四種事情呢？」「第一是制伏其意念（未生之惡令不生）；第二是各種帶有惡意的，事情即使知道了也不要存放在心中（已生之惡令斷）；第三是心中如若有惡事立即驅逐出去，尋求各種善事來正心意（已生之惡令斷，未生之善令生起）；第四是有了善端，便緊緊握住而不放逸出去（已生之善令增長）；這便是四事。」那先說：「還有四件事情，這是自由意志所引起的。」王說道：「這四件事又是指什麼呢？」那先說：「第一是除却欲望，第二是精進，第三是制伏心意，第四是思惟專一，這便是我所說的四件事。」

那先說道：「還有五件應該效法之事。」「什麼才是五件應該效法的事情呢？」「第一是誠信正法，第二是孝順慈悲，第三是精進，第四是盡心以善爲念，第五是要有智慧，這便是五件應該效法之事。」

那先說道：「還有七件事，棄除各種惡念，又叫做七善事；又叫做七覺意。又還有八種道行，也叫做阿姤。總之所有三十七品經，都是以孝順慈悲作爲根本。」

那先說道：「大凡人身負重任走向遠大目標，最終有所成就，都是由於大地的負托而促成的；而世間五穀、樹木，雖仰天之中成長，但都是從地中生長出來的。」那先說道：「譬如建築師，他要設計建築一座巨大的城池，必然首先度量作城的地基。這些工作完畢之後，方才建造大城。」那先說道：「譬如倡伎，想要在某地表演必然先將場地打掃乾淨，掃出一片乾淨場地然後開始演唱。佛家弟子追求人生至道，首先學習經文戒律，種下善因，知道世間的辛勤痛苦本質，拋棄各種塵世的恩愛欲求，這樣一心繫念並努力實踐正見、正思惟、正語、正業、正命、正精進、正念、正定，八正道，乃至圓滿成就佛果。」王說道：「說得好哇！說得好哇！」

## 原典

王復問那先：「何等爲孝順者？」那先言：「諸善者皆爲孝順。」那先言：「有四善事，心意所止❶。」言：「何等四心意所止者？」那先言：「一者自觀其身中外內，二者知意苦樂，三者知心善惡，四者知正法，是❷爲四。」

那先言：「復有四事。」「何等四？」「一者制其意，二者諸有惡事不聽入心中，三者心中有惡事即出❸之，索諸❹善；四者其心中有善，制持不放；是爲四。」那先言：「復有四事，自在欲所作。」「何等爲四？」「一者却欲，二者精進，三者制心，四者思惟❺，是爲四。」

那先言：「復有五效事❻。」「何等爲五？」「一者誠信，二者孝順，三者精進，四者盡心念善，五者智慧，是爲五。」

那先言：「復有七事，棄除諸惡，名爲七善，亦名七覺意。復有八種道行，亦名爲阿姤者。是凡三十七品經，皆是孝順爲本❼。」

那先言：「凡人負金❽致遠，有所成立，皆由地成；世間五穀、樹木，仰天之中，皆由地生。」❾那先言：「譬若師匠，畾❿作大城，先度量作基趾⓫已，乃起城。」那先言：「譬若倡伎⓬欲作先淨，掃地乃作。佛弟子求道，先行經戒，作善因，知懃苦，棄諸愛欲，便思念八種道行⓭。」王言：「善哉！善哉！」

## 注釋

❶止：停留、栖息。

❷**是**：指示代詞，「這些」之意。

❸**出**：驅逐出去。

❹**諸**：「之於」的合音詞。

❺**思惟**：即思想集中到一點上。惟，惟一。

❻**五效事**：五件可以效法的事情。

❼**孝順爲本**：此「孝順」當與中國儒家的倫理孝道觀不盡相同。它是把作各種善事看作「孝順」，實際上乃「慈悲」之意。本義爲服從。

❽負金，「別本」作「負重」。

❾此段稱讚「地」之重要，實乃稱「孝順」的重要。後來佛教皆稱「出家人以慈悲爲懷」，由此可知，此處「孝順」當「慈悲」解。

❿**啚**：即「圖」字，設計之意。

⓫基趾，「別本」作「基址」。當依別本。

⓬**倡伎**：「別本」譯作「伎人」。約爲行走賣唱、雜耍之類的民間藝人，在公共場合表演時，先清掃出一塊場地。故「別本」說「除地平，乃作。」

⑬八種道行：概指八正道，即正見、正思惟、正語、正業、正命、正精進、正念、正定。

## 第七問什麼叫做精進？

### 譯文

王又問那先（道）：「什麼才叫做精進呢？」那先說道：「所謂精進，即是積極地以善心以及行動，去支持增長、成就善好的功德，便是精進。」那先說：「譬如說牆垣將要傾倒了，從旁邊以柱撐之；房屋將要傾倒了，也這樣地以柱撐之。如此牆垣、房子就不會倒塌，此一支持善法，使善心不退減損壞，即助善，也就是精進。」那先說道：「就像國王派遣部隊，要攻擊某個地方。由於兵力太少顯得戰鬥力薄弱，因而士兵便不想去攻擊。王又調遣兵力前去支援他們，便得勝回朝。人有了各種惡念不能克服，就像大王派兵的兵力弱小一樣；人堅持善心，消除惡之心念，就像國王增兵得勝一樣。人堅守五戒，就像戰鬥得勝的道理一樣。這便是精進，支援善之心念亦即是這個意思。」

那先說道：「佛經上說：『精進給予人的幫助，其目的是使人進入善道；所有使人進入善道的方法，沒有一個能趕得上精進這一方法。』」王說道：「說得好哇！說得好哇！」

## 原典

王復問那先：「何等爲精進者？」那先言：「助善是爲精進。」那先言：「譬若垣牆欲倒，從傍拄❶之。舍欲傾壞，亦復拄之。」那先言：「譬若國王遣兵，有所攻擊。兵少弱，欲不如❷。王復遣兵往助之，便得勝。人有諸惡，如兵弱人；持善心，消惡心，譬如國王增兵得勝。人持五戒，譬如戰鬬得勝。是爲精進，助善如是。」

那先說：「經言：『精進所助，致人善道；所致善者，無有逮斯❸。』」王言：「善哉！善哉！」

注釋

❶拄：名詞動用，以柱撐之。

❷不如：不去、不出動。

❸逮斯：逮，趕得上；斯，代詞，指代「精進」。

第八問什麼是繫念諸善事？

譯文

王又問那先：「什麼才是繫念諸善呢？」那先說：「譬如要擇取花之香味，用絲袋子縫合起來，風就吹不散了。」那先又說道：「譬如替王守財庫的人，就能知道其庫中金銀、珠玉、琉璃珍寶有多少。」那先說道：「修道之人想要證悟佛道，應當按時念誦三十七品經文。佛陀曾說道：『意念應該像這樣端正，這便是我所說的使人解脫。』修道之人憶念諸善，就有道意，有道意則知道何為善惡，知道什麼該當踐行，知道什麼不可行，知道區分黑白；思念專一之後，便能拋棄惡念而依善法修持。」

那先說：「譬如王有守門之人，知道王有自己所尊敬的人，有所不尊敬的，知道有對王不利的人。所有被王尊敬，並對王有好處的人，便允許他們進來。看到王所不敬之人，以及於王不利之人，則拒之門外。修道的人持守意念亦像這樣，各種善事便自然地允許進入心中，各種不善之事便拒之心念之外。意念控制人的善惡行為便是這樣。」那先說：「佛經上說：『人應當自己堅守並保護其意念及不要任由六根追逐六塵，而招感愛欲煩惱。人若能堅守意念十分牢固的話，自然會有超度世間之苦的時候。』」王說道：「說得好哇！說得好哇！」

## 原典

王復問那先：「何等為意當念諸善事？」那先言：「譬若取香華❶，以縷合連繫，風不能吹散。」那先復言：「譬王守藏者，知中金銀、珠玉、琉璃珍寶有幾所。」那先言：「道人欲得道，時念三十七品經。佛道：『意念當如是正，所謂脫人。』道人有意，因知善惡，知當所行，別知白黑；思惟❷以後，便棄惡就善。」

那先言：「譬如王有守門者，知王有所敬者，有所不敬者，知有不利王者。所敬利王者，便內❸之。王所不敬者，不利王者，即不內。人持意若是，諸善者當內之，諸不善者不內。意制人善惡，如是。」那先說：「經言：『人當自堅守其意及身六愛欲。持意甚堅，自當有度世時。』」王言：「善哉！善哉！」

## 注釋

❶**香華**：即華香是也。

❷**思惟**：思念專一。

❸**內**：通「納」，接納。

## 第九問什麼叫做專一其心？

## 譯文

王又問那先：「什麼才叫做專一其心呢？」那先說道：「各種致善的行爲唯獨『

一心』的作法，才爲第一要法。只要使心念專一，所有的善行都將隨之而來。」那先說：「譬如樓梯，應該有所倚靠。各種致善的途徑，都將倚靠『一心』的基點上。」

那先說：「譬如大王率領四種部隊，展開戰鬥，所有象兵、馬兵、車兵和步兵，都以大王爲領袖中心。大王開始行動，各種部隊都將前後跟隨。佛經上所說各種善事，都跟隨『一心』，其道理也與諸兵種跟隨大王一樣。」那先說：「佛經上說：『各種善行以一心爲主，學道之人應學的東西很多，最終都以一心爲歸宿。』人的身軀死亡再生以及與前生，就像流水一樣前後相續不斷。」王說道：「說得好哇！說得好哇！」

## 原典

王復問那先：「何等爲一其心者？」那先言：「諸善獨有『一心』，宬第一。一其心者，諸善皆隨之。」那先言：「譬若樓陛❶，當有所倚。諸善道者，皆著『一心』。」

那先言：「譬若王持四種兵，行戰鬬，象兵、馬兵、車兵、步兵。王行出，諸兵皆隨引前後。佛經善事，皆隨『一心』，如是。」那先說：「經言：『諸善一心為主，學道人衆多，皆當歸一心。』人身❷死生過去，如流水前後相從。」王言：「善哉！善哉！」

**注釋**

❶**樓陛**：樓梯是也。陛，臺階。

❷**人身**：人的有形身軀。

## 第十問什麼叫做智慧？

**譯文**

王又問那先：「什麼叫做智慧呢？」那先說：「前面已經對王論述過這一問題。人的智慧主要是斬斷疑慮，明瞭各種善的事情。」那先說：「譬如手持燈火進入昏暗的房中，房間裏的昏暗便會消亡。人有智慧，就像暗室有燈明一樣。所以使人變得有明達的智慧，也是這樣。」那先說：「就像人手拿鋒利的鋼刀斬截木頭一樣，人用智慧的鋒利鋼刀砍截各種惡念，也是如此。」那先說：「人在世間，智慧是第一等的，使人超脫人生死苦海。」王說道：「說得好哇！說得好哇！前後所論述的經義及種種看法，都是智慧善德的表現啊！」

## 原典

王復問那先：「何等爲智？」那先言：「前已對王說是。人智斷諸疑，明諸善。」那先言：「譬如持燈火入冥中，室便亡❶其冥。自明人智，如是。」那先言：「譬若人持利刀截木，人以智截❷諸惡，如是。」那先言：「人於世間，智冣爲第一度脫人生死之道。」王言：「善哉！善哉！前後所說經種種，智善也！」

## 注釋

❶亡：通「無」。動詞。

❷截：斬斷。

# 第十一問佛經只爲除却欲望惡念嗎？

## 譯文

王又問那先：「佛經僅僅是爲了除却欲望諸種惡念這種事嗎？」那先說：「是這樣的。所闡發的種種行善的言論，都只是爲了斷盡一切惡。」那先說：「這就像王指揮四種部隊：象兵、馬兵、車兵、步兵，進行戰鬥。開始出發的時候，一心一意只想攻擊敵人罷了。佛經上所說的種種善事，如同王攻擊敵人一樣，只是爲了斷除各種惡事罷了。」王說道：「說得好哇！說得好哇！如此這般譬喻解說經義非常痛快。」

## 原典

王復問那先：「佛經但爲趣欲却諸惡事耶？」❶那先言：「然。是所說種種諸善者，但欲却一切惡。」那先言：「譬若王發四種兵：象、馬、車、步兵，行戰鬪。初發行時，意但❷欲攻敵耳。佛經說種種諸善，如是，但欲共攻去諸惡耳。」王言：「

善哉！善哉！說經甚快❸也。」

## 注釋

❶此句「別本」譯作「但欲趣却一惡耶」，較之「佛經但爲趣欲却諸惡事耶」更通順。「趣欲却諸惡事」一語頗爲不通。依下句亦可知。

❷**但**：只也。

❸**快**：令人暢快。

## 第十二問人之投生是持續舊或新神識？

## 譯文

王又問那先道：「人投生善惡道之中，是持續不斷地運用舊有神識，還是新的神識呢？」那先說道：「既不是舊有的神識，也不完全脫離舊有的神識。」那先說道：「王小時吃奶時，直到長大時，其身軀續接舊有身軀嗎？」王說道：「小時身軀與後來的不同。」

那先說：「人在母腹之中，剛開始作爲受精卵之時，是一種最混沌的狀態。當時，還是原來的受精卵呢？還是不同的呢？長成有堅硬的骨頭完整的肌肉，這時，還是原來的受精卵呢？還不是？初生下地之時，直到長成幾歲之後，是原來的受精卵呢？還不是？就像人們學習練字一樣，其他的人能夠代替他達到完善的境界嗎？」王說道：「不能代替他達到完善的境界。」那先說道：「如果有人犯罪，能夠讓無罪之人代他受罰嗎？」王說：「不行。」那先舉出種種事例，來說明輪迴再生前後神識不同，來對王進行論述，王不能理解其中之意，王便說道：「若有人要求那先解釋其中的爲什麼呢？」

那先說道：「我從小時候，再至少兒時期到長大之時，都是延續原來的身軀罷了。大的時候與小的時候共同是一個身軀(統一體)，這一生命體是由小而逐漸成長的。」那先問王道：「假如一人點燈，其燈火能夠持續到天亮嗎？」王說道：「人點燃燈之後，燈火的油若能保證到天亮時不乾則火至天亮。」那先說：「燈蕊燃燒一夜，是持續舊有的火光嗎？至半夜之時，至天亮之時，還是原來的火光嗎？」王說道：「

不是原來的火光。」那先說：「然而燈火從一開始到半夜裏，必須再一次地點燃嗎？靠近早晨又再點燃一次燈火嗎？」王說道：「無須半夜再點燃燈火，延續原來一根燈蕊的火，直到天亮。」那先說：「人的神識輾轉相續，就像燈火一樣。前面的逝去，後面的緊跟而來。從神識而獲得生命，直到衰老死亡之後，神識又趨向另一處而獲得生命，輾轉相續，因此說轉胎再生的神識既不是舊有的神識，也不完全脫離舊有的神識。人死亡之後，神識便又有新的趨向而再次轉生。」

那先說：「就像奶汁一樣，先製成奶酪，擇取奶酪上層的肥脂製成醍醐和酪酥。上層肥脂還把它叫做奶汁，這種稱呼還仍是正確的嗎？」王說道：「這個人的叫法不合適了。」那先說：「人的神識就像奶汁。從奶汁製成酪，從奶酪製作過程中獲得肥脂，因肥脂而製成醍醐。人也是這樣，從精沫到生命開始，直到中年，從中年到老年直至死亡，死後神識再接受新的身軀而獲得生命。人的身軀死亡，必然會再次擁有生命，接受另一身軀，就像兩根燈蕊更相燃燒一樣。」王說道：「說得妙啊！說得妙啊！」

## 原典

王復問那先言：「人心趣善惡道，續持身故神❶行生乎，更貿❷他神行生耶？」那先言：「亦非故身神，亦不離故身神。」那先問王：「王小時哺乳時，身至長大時，續故身非❸？」王言：「小時身異。」

那先言：「人在母腹中，始爲精時，至濁。時，故精耶？異？堅爲肌骨，時，故精耶？異？初生時，至年數歲時，故精耶？異？如人學書，傍人寧代其工❹不？」王言：「不能代其工。」那先言：「如人法有罪，語王。」王不能解知。王言：「如人問那先解之云何？」❺

那先言：「我故小時，從小兒至大，續故身耳。大與小時合爲一身，是命所養。」那先問王：「如人然❻燈，火至天曉時不？」王言：「人然燈，火油至曉時❼。」那先言：「燈中炷❽一夜時，續故炷火光不？至夜半、至明時，故火光不？」王言：「非故火光。」那先言：「然燈火從一夜至半夜，須更然燈火耶？向❾晨時復更然燈火耶？」王言：「不中夜❿，更然火，續故一炷火，至明。」那先言：「人精神展轉

⑪相續，如是。一者去，一者來⑫。從精神⑬至老死後，精神趣所生，展轉相續，是非故精神，亦不離故精神。人死以後，精神乃有所趣向⑭生。」

那先言：「譬如乳湩⑮作酪，取上肥作醍醐⑯與酪蘇。上肥還復名作乳湩，其人寧可用不？」王言：「其人語不可用。」那先言：「人神如乳湩。從乳湩成酪，從酪成肥，從肥成醍醐。人如是，從精沫⑰至生、至中年，從中年至老至死，死後精神更受身生。人身死，當復更生⑱受一身，譬若兩炷更相然。」王言：「善哉！善哉！」

## 注釋

❶**故神**：舊有的神識。

❷**筫**：即貿也。「別本」寫作「貿」，疑即貿也。貿，更替、交換之意也。

❸**非**：不也。

❹**工**：完善。

❺那先言：「如人……那先解之云何？」此一大段，譯者頗有漏譯，語義甚不通。依「別本」，此段為：那先言：「如人犯法有罪，寧可取無罪之人代不？」王言：「

不可。」那先以精神罪法語王，王意不解。王因言：「如人問那先，那先解之云何？」

❻**然**：通燃。

❼此句意亦頗費解。「別本」譯作：「然燈油至明」。依上文意，應譯爲：「油能至曉，則燈火至明時。」意思是說，只要燈油夠了，燈火就會持續到天亮。

❽**炷**：燈蕊是也。

❾**向**：靠近。

❿**中夜**：半夜。

⓫**展轉**：即今輾轉。

⓬二者來，「別本」譯作「一者來」。

⓭從精神，後脫一「生」字。依「別本」補。

⓮**趣向**：趨向。

⓯**乳湩**：即乳汁。湩，音zhòng，乳汁也。

⓰**醍醐**：此處指酥上加油的乳製食品，味甘美。可入藥。《涅槃經》卷十四〈聖行品

〉云：「熟酥出醍醐，醍醐最上。」

⑰精沫，「別本」譯作「精神」，依下句，當是。

⑱**更生**：再次生，再次復活。佛教認爲神識不滅。

## 第十三問人能預知不再生於後世嗎？

### 譯文

王又問那先：「人不再生於後世，這個人難道自己預知不再生於後世嗎？」那先說：「肯定的。有人能預知自己不再生於後世了。」王反問道：「憑著什麼知道的？」那先說：「其人自己知道的。沒有世俗恩愛，沒有了世俗貪欲，沒有各種惡行，因此便自我知曉不再生於後世了。」

那先問王：「譬如農民種稻穀，收成極好，裝滿箽箽之中，以至於後來幾年，不再去耕種了，難道他還想得到稻穀嗎？」王說道：「不再希望得到稻穀了。」那先說：「修道之人也是這樣。抛棄了苦樂、恩愛，不再有任何貪欲，因爲這個緣故便自知後世不會再次投胎轉生了。」王說道：「說得好哇！說得好哇！」

## 原典

王復問那先：「人不復生後世，其人寧能自知不復生不？」那先言：「然。有能自知不復於後世生。」王言：「何用知之？」那先言：「其人自知。無有恩愛，無有貪欲，無有諸惡，用是自知不復生後世。」

那先問王：「譬若田家種穀，大得収斂❶，盛簞簟❷中，至於後年，不復耕種，寧復望得穀不？」王言：「不復望得穀。」那先言：「道人亦如是。棄捐❸苦樂、恩愛，無所復貪，是故自知後世不復生。」王言：「善哉！善哉！」

## 注釋

❶**収斂**：即收斂，收穫是也。

❷**簞簟**：一種用竹製的東西，可以捲起，圍成一圈，中可以貯放糧食。簞簟，音dān diàn，簞，本意爲竹筒；簟，竹席。此處爲合成詞，即指竹席。

❸棄捐：即拋棄。

## 第十四問明達與智慧有何不同？

**譯文**

王又問道：「那種證得解脫在後世不再投胎的人，在今世其智慧有與人不同的地方嗎？」那先說道：「的確如此。有異於他人之處。」王說道：「明達與智慧有什麼不同？」那先說道：「明達與智慧是同義詞。」王說道：「人有明達的智慧，能夠全部知曉各種事情，作成一件事，成就五件善事嗎？」那先說：「可以作各種事，其成就不限於一種。就像某一塊土地種上穀物，當其生成之時，各自按照其種類之性生長。人身五種善事，都是因爲不同的事情，而各自成就其功德的。」王說道：「說得妙啊！說得妙啊！」

## 原典

王復問：「其人於後世不復生者，於今寧有智異於人不？」那先言：「然。異於人。」王言：「明與智爲同不？」那先言：「明與智等❶耳。」王言：「人有明智，寧能悉知衆事，作一事，成五事耶？」那先言：「作衆事，所成非一，譬若一地種穀，當其生時，各各自生種類。人身五事，皆用衆事，各有所成。」王言：「善哉！善哉！」

## 注釋

❶等：相同。

## 第十五問世間人爲何生而有所不同？

### 譯文

王又問那先道：「世間之人頭、面目、身體、四肢都是完好的，爲什麼有的人壽命長，有的人壽命短？有的人多病，有的人少病？有的人貧窮，有的人富貴？有出身尊貴的，有出身卑賤的？有面貌端正的，有形容醜陋的？有的人得到他人相信，有的人被他人所疑？有明達者，有愚闇之人？因爲什麼緣故而不同？」

那先說道：「就像衆多樹木所生的果子一樣，有酸的，有苦的，有辛辣的，有甘甜的。」那先問王說：「這些樹木，爲什麼不同呢？」王說道：「不同的原因，在於其所栽的樹種及其土壤不同罷了。」那先說道：「人們因宿世所作的業種，各各並不相同。所以有長命的人，有短命的人；有多病的，有少病的；有富貴的，有貧窮的；有尊貴的，有卑賤的；有面貌端正的，有形容醜陋的；有言語他人信用的，有言語他人不信的；有明達的人，有愚闇者。」那先說道：「佛經上說，這些都是以前的造作決定的。人所作的善惡之事，自然跟隨自己的神識而在不同的時候得到報應。」王說道：「說得好哇！說得好哇！」

## 原典

王復問那先：「世間人頭、面目、身體、四支皆完具❶，何故有長命者，有短命者？有多病少病者？有貧者富者？有長者有卑❷者？有端正者，有醜惡者？有爲人所信者，爲人所疑者？有明者，有闇❸者？何以故不同？」那先言：「譬若衆樹木生菓，有酢❹者，有苦者，有辛者，有甜者。」那先問王：「此等樹木，何故不同？」王言：「不同者，本栽各異。」那先言：「人所作，各各異不同。故有長命，有短命；有多病，有少病；有富，有貧；有貴，有賤；有端正，有醜惡；有語用者，有語不用者；有明者，有闇者。」那先言：「佛經說豪貴、貧窮、好醜，皆自宿命❺。所作善惡，自隨行❻得之。」王言：「善哉！善哉！」

注釋

❶**完具**：完備、完好。

❷**卑**：卑賤也。

❸**闇**：愚昧、不聰明。

❹**酢**：音zuò，酸也。大酸曰酢。是醋之本字。

❺**宿命**：以前的命運。

❻**行**：各種意志活動。

## 第十六問爲善應預先做或事後做呢？

譯文

王又問那先道：「人要想做好事，是該預先做呢，還是事後做呢？」那先說：「應當預先作，在事後做就沒有益處了。」那先說：「王在口渴時才挖地打井，能夠解決口渴嗎？」王說道：「不能解決口渴。應當事先打井才是。」那先說：「因此，作善事應當預先做。」那先問：「王到飢餓時才使人耕種，一直等到穀熟時才吃嗎？」王說道：「不。應當先儲備好穀子。」那先說：「人也是這樣，應當先作善事。遇到急事再去作善事，對自身沒有益處。」

那先問王道：「假如王有仇敵，是臨時製作戰鬪工具嗎？」王說道：「不是。應當在以往就儲備著。」那先說道：「佛闡述經義時說道：『人應當事先自己考慮到作善事，在事後作善事沒有好處。不要離棄大道而靠邪惡之道，不要效法愚癡之人拋棄善德而作惡事，後來因果報來臨而啼哭是沒有用的。』人們若捐棄中道，靠近邪佞之道，臨死的時候便會只有後悔的份了。」王說道：「說得好哇！說得好哇！」

## 原典

王復問那先言：「人欲作善，當前作之，須後作之？」那先言：「當居前作之，在後作者不益❶人。」那先言：「王渴時乃掘地作井，能趣渴❷不？」王言：「不能趣渴。當居前作井耳。」那先言：「以是故，所作當居前。」那先問：「王飢時乃使人耕種，須穀熟乃食耶？」王言：「不當先儲偫❸。」那先言：「人如是，當先作善。有急乃作善者，無益於身。」

那先問王：「譬若王有怨，當臨時出戰鬪具❹？」王言：「不。當宿有儲偫。」那先言：「佛說經言：『人當先自念作善，於後作善無益。莫棄大道就邪道，勿效愚人棄善作惡，後坐啼哭無益。』人棄捐中正，就於不正，臨死時乃悔耳。」王言：「善哉！善哉！」

## 注釋

❶**不益**：不能給人帶來好處。

❷**趣渴**：當作「去渴」，解決渴之意。

❸**儲偫**：即儲藏、儲備。偫，音zhì，具備之意也。

❹**戰鬪具**：武器。

## 第十七問地獄中人經萬年爲何不消亡？

### 譯文

王又問那先道：「您們這些沙門之輩都說，世間的火不如地獄中的火溫度高。又說道，拿一顆小石子放在世間火中，從早到晚都燒不了。拿一塊大石頭放到地獄的火中，頃刻即被燒掉。因此，我不相信這些話。你們又說，人作惡後，死後墮在地獄之中，幾千萬年，這個人都死不了。因此，我更不相信這些話了。」

那先問：「王是否聽說或見過水中大蟒蛇、蛟龍、魚鼈以沙石爲糧食嗎？」王說：「的確有這回事，牠們確實以沙石爲食糧。」那先問王：「這些沙石是消化了還是不消化？」王說道：「都消化了。」那先說道：「牠們腹中懷孕的胎兒也消化了還是不消化？」王說道：「不消化。」那先問王：「這又爲什麼不消化？」王說道：「牠們各有宿因，所以能使胎兒不消化。」那先說道：「地獄中的人，爲什麼幾千萬年都不消亡，是因爲他們所作的罪惡沒有消除的緣故，所以不消亡(死去)。」

那先問王道：「獅子、虎狼都以肉為食，吃骨頭，這些東西吞到肚裏時能不能消化？」王說道：「消化。」那先問王道：「牠們腹中懷孕的胎兒難道也消化嗎？」王說道：「不消化。」那先說道：「因為什麼緣故不消化？」王說道：「牠們之間每一位都各有宿因，所以不消化死去。」那先問王道：「牛馬、麋鹿都以苜草作為食料嗎？」王說道：「是的。」那先說道：「牠們吃下的苜草在腹中能消化嗎？」王說道：「都消化了。」那先說道：「牠們腹中懷孕的胎兒難道也消化了嗎？」王說道：「不消化。」那先說道：「為什麼不消化掉呢？」王說道：「牠們之間每一位都各有宿因，所以能使牠不被消化掉。」那先說道：「地獄中的人也是這樣，罪過與罪惡沒有消除乾淨，所以不消亡（死去）。」

那先問王道：「世間的女人，飲食都精美，恣意放縱地去吃，吃到肚中，都能消化嗎？」王說道：「都能消化。」那先說：「腹中懷孕的胎兒，難道也消化了嗎？」王說道：「胎兒不會被消化。」那先說：「為什麼不被消化呢？」王說道：「每一部份各有宿因，所以不致使胎兒被消化。」那先說道：「地獄中的人也是這樣。所以幾千萬歲不消失死亡，是因為先前所作的罪惡還沒有消除，所以地獄中人也不消失死去。」那先說：「人在地獄中生出來，在地獄中長大，在地獄中老死，直到罪過消盡才會死去。」王說道：「說得太好了！說得太好了！」

## 原典

王復問那先：「卿曹諸沙門說言，世間火不如泥犁❶中火熱。復言，持小石著❷世間火中，至暮不消。取大石著泥犁火中，即消是故，我不信。復言，人作惡，死在泥犁中，數千万歲，其人不消死。是故，我重❸不信是語」。

那先問：「王寧聞見水中大蟒、蛟龍、魚鼈以沙石為食不？」王言：「然，實以此為食。」那先問王：「沙石寧消不？」王言：「皆消。」那先言：「其腹中懷子寧復消不？」王言：「不消。」那先問王：「何故不消？」王言：「相祿獨當然，故使不消。」那先言：「泥犁中人，數千万歲，不消死者何？所作過惡未盡，故不消死。」

那先問王言：「師子、虎狼皆肉食、噉骨，入腹中時寧消盡不？」王言：「消。」那先問王：「其腹中懷子寧復消不？」王言：「不消。」那先言：「用何故不消？

」王言：「獨相祿❹，故不消死。」那先問王言：「牛馬、麋鹿皆以莒草❺爲食不？」王言：「然。」那先言：「其莒草寧於腹中消不？」王言：「皆消。」那先言：「其腹中懷子寧消不？」王言：「不消。」那先言：「何以故不消？」王言：「獨以相祿當然，故使不消。」那先言：「泥犂中人亦如是，過惡未盡，故不消死。」

那先問王言：「世閒女人，飲食皆美，恣意食，食於腹中，寧消不？」王言：「皆消。」那先言：「腹中懷子，寧消不？」王言：「子不消。」那先言：「何以故不消？」王言：「獨相祿當然，故使不消。」那先言：「泥犂中人亦如是。所以數千万歲不消死者，用先作惡未解❻，故不消死。」那先言：「人在泥犂中生，在泥犂中長，在泥犂中老，過盡乃當死。」王言：「善哉！善哉！」

注釋

❶泥犂：地獄。

❷著：放。

❸重：又。

❹**獨相祿**：即各以前世宿業相報，互不干擾。

❺**苢草**：疑爲「苜草」之誤，或爲「苕草」之誤。

❻**未解**：沒有消除乾淨。

## 第十八問地在哪裏？

### 譯文

王又問那先：「您們這些沙門之輩說，天下所有的陸地都在水上，水又在風上，風又在空中之上，我不相信這些話。」那先走上前，拿取王書寫的水鉢，恰好以手指撮取水鉢加以旋轉，問王道：「風承住水，就像我剛才所做一樣。清楚了嗎？」王說道：「好啊！好啊！」

### 原典

**王復問那先：「卿曹諸沙門言，天下地皆在水上，水在風上，風在空上，我不信**

是。」那先前，取王書水，適以指撮之。問王言：「風持水，若此。」王言：「善哉！」

## 第十九問涅槃後還有境界？

**譯文**

王又問那先道：「達到涅槃境界之後，就沒有任何其他的境界了嗎？」那先說：「涅槃道之外，再沒有什麼了。」那先說道：「愚痦癡執之人，貪念身軀愛惜所得，因爲這一緣故，不能夠超脫生、老、病、死的痛苦與折磨。」那先說：「智慧的人學道，身內之愛意與身體之軀殼都不貪愛憐惜，因此便沒有恩愛之意了；沒有恩愛之意，就沒有貪欲之念；沒有貪欲的人，就不再投胎轉生；不再投胎轉生，就不生了；不生了，則此身就不老了；不衰老了，就沒有疾病纏身了；沒有疾病纏身了，就不會死；不會死去，就不會有憂愁了；沒有了憂愁，就不會哭泣；無須哭泣，就不會有痛苦；這樣便證得涅槃境界了。」

原典

王復問那先言：「泥洹道皆過去，無所復有耶？」那先言：「泥洹道無所復有。」那先言：「愚癡之人，貪身愛惜，坐❶是故，不能得度脫生老、病死者。」那先言：「智者學道，內外身不愛惜，便無有恩愛；無有恩愛者，無貪欲；無貪欲者，無胞胎❷；無胞胎者，不生；不生者，不老；不老者，不病；不病者，不死；不死者，不憂；不憂者，不哭；不哭者，不痛；便得泥洹道。」

注釋

❶**坐**：因爲。

❷**胞胎**：投胎，輪迴轉世。

## 第二十問修行者都能證涅槃？

### 譯文

王又問那先道：「諸位修行的人，都能證得涅槃嗎？」那先回答道：「不能全都證得涅槃，只是以此來端正向善道方向努力的人的目標。學習知道何爲端正之事，應當去努力踐行的，就努力地去實踐；不應該去踐行的，就應拋棄、遠離它；應該思念的，則可以思念之；不應該思念的，應該捨棄這些念頭；能夠做到這樣，便能達到涅槃的境界。」

### 原典

王復問那先：「諸學道者，悉能得泥洹道不？」那先言：「不能悉得泥洹道，正❶嚮善道者。學知正事❷，當所奉行者，奉行之；不當奉行者，棄遠❸之；當所念者，念；不當所念，棄之；如是，能得泥洹道。」

## 注釋

❶**正**：端正、糾正。

❷**正事**：端正之事、中正之事。與邪道相區別。

❸**棄遠**：拋棄遠離。

## 第二十一問未證涅槃者能知涅槃之樂否？

## 譯文

王又問那先道：「那些沒有進入涅槃的人，難道能知曉涅槃境界是快樂的嗎？」那先說：「是的。即使沒有進入涅槃境界，也會通過其他方式知道涅槃境界的快樂。」王說道：「人又沒有進入涅槃境界，又是怎麼知道該境界是快樂的呢？」那先問王道：「人們又未嘗截斷手脚，能否知道截斷手脚的疼痛是劇烈的呢？」王說道：「即使未曾經歷截斷手脚的痛苦，但還是能知道這一做法是痛苦的。」那先問道：「憑什麼知道這是痛苦的呢？」王說道：「看見他人截斷手脚時呻吟呼號，因爲這一經驗而知道是痛苦的。」那先說道：「前人有證得涅槃，相互傳言涅槃境界是快樂的，因爲這一緣故，所以相信涅槃境界是快樂的。」王說道：「說得好哇！說得好哇！」

## 原典

王復問那先言：「其不得泥洹道者，寧知泥洹道爲快不？」那先言：「然雖❶未得泥洹道，由知❷泥洹道爲快。」王言：「人未得泥洹道何以故知快耶？」那先問王言：「人生未嘗截手足，寧知截手足爲痛劇❸不？」王言：「雖未曾更截手足，猶知爲痛。」那先言：「何用知爲痛？」王言：「見其人截手足呻呼❹，用是故，知爲痛。」那先言：「人前有得泥洹道者，轉相語泥洹道快，用是故，信之。」王言：「善哉！善哉！」

## 注釋

❶雖：即使。

❷**由知**：通過其他人知之，即間接地知道。

❸**痛劇**：即劇烈地疼痛。

❹**呻呼**：呻吟呼叫。

## 第二十二問實際有佛嗎？

### 譯文

王又問那先：「曾經是否見過佛陀呢？」那先回答道：「不曾見過佛。」王對那先說道：「諸位師父曾經見過佛沒有呢？」那先回答說：「諸位師父也沒有見過佛。」王說道：「如果那先及諸位師父都沒有見過佛，一定是沒有佛！」

那先說道：「王是否見過五百條溪水匯合之處呢？」王說道：「我沒有見過。」那先說道：「王的父親以及王的祖父都見過這樣的水面嗎？」王說道：「都不曾看見。」那先說道：「王的父親及祖父都不曾見過這樣的水域，天下一定就沒有這樣一處由五百條溪水聚匯之處嗎？」王說道：「即使我沒有見過，父親以及祖父都沒有見過這樣廣大的水域，但實際上是有這樣的水域的。」那先說道：「即使我以及諸位師父不曾見過佛，但實際上是有佛的。」

## 原典

王復問那先：「寧曾見佛不？」那先言：「未曾見。」王言那先：「諸師寧見佛不？」那先言：「諸師亦未曾見佛。」王言：「如使那先及諸師不見佛者，定爲無有❶佛。」

那先言：「王寧見五百溪水所合聚處不？」王言：「我不見。」「王父及太父❷皆見水不？」王言：「皆不見。」那先言：「王父及太父皆不見此水，天下定爲無此五百溪水所聚處不？」王言：「雖我不見，父及太父皆不見此水者，實有❸此水。」那先言：「雖我及諸師不見佛者，其實有佛。」

## 注釋

❶無有：沒有。

❷**太父**：祖父。
❸**實有**：實際上存有。

## 第二十三問有無超過佛的人呢？

### 譯文

王又問道：「有沒有超過佛的人呢？」那先說道：「的確，沒有超過佛的人了。」王又問道：「憑什麼知道沒有超過佛的人呢？」那先問王道：「就像人沒有到過大海中暢游，又是怎麼知道海水是大還是不大呢？」那先說：「有五條河，河之上游又有五百條小河，流入大河。五條大河的其中之一名字叫恒河，第二條名字叫印度河，第三條河名字叫私他河，第四條名字叫慱叉河，第五條名字叫施披夷爾河。五條河之水晝夜向海流去，海水並不因此而看到增加。」那先說：「王是不是知道這回事呢？」王說道：「的確知道有此事。」那先說：「我那先因諸位得道之人都說沒有能超過佛的人，因此，我便相信沒有超過佛的。」王說道：「說得好哇！說得好哇！」

## 原典

王復問言：「無有復勝❶佛者耶？」那先言：「然，無有勝佛者。」王復問：「何以爲無能勝佛者？」那先問王言：「如人未曾入大海中，寧知海水爲大❷不？」「有五河，河有五百小河，流入大河。河一者名恒❸，二名信他❹，三名私他，四名愽叉，五名施披夷尒❺。五河水晝夜流入海，海水亦不增減。」那先言：「王寧能聞知不？」王言：「實知。」「那先諸以得道人共道說無有能勝佛者，是故，我信之。」王言：「善哉！善哉！」

## 注釋

❶**勝**：超過。
❷**大**：浩蕩無邊。
❸**恒**：即今恒河。
❹**信他**：即今印度河。

❺以上三條河流，不知今日確指哪些河。

## 第二十四問因何知無有勝佛者？

**譯文**

王又問那先道：「你通過什麼方式知道沒有超過佛的人呢？」那先問王：「造字的老師，是誰呢？」王說道：「造字的老師，名字叫質。」那先說道：「王難道見過質嗎？」王說道：「質已死了。其時代已很久遠，不曾見過。」那先說道：「王不曾見過質，又是通過什麼方式知道質是造字的老師呢？」王說道：「通過古代時候的書籍及文字記載，相互流轉教導，因爲這種間接的方式，我知道其造字的人名字叫做質。」那先說道：「也是因爲這一緣故，我輩看到佛的經文戒律，與見到佛本身沒有兩樣。佛所闡發的經義及戒律十分深奧，令人愉快，因而在知道佛的經文戒律之後便相互效法，因爲這一效法的具體活動，我便知道沒有一個再能超過佛的人。」

## 原典

王復問那先言：「當何用知無有勝佛者？」那先問王：「造書師❶者爲誰？」王言：「造書師者，名質❷。」那先言：「王寧曾見質不？」王言：「質已死。久遠，未曾見。」那先言：「王未見質，何用知質爲造書師？」王言：「持古時書字，轉相教告，用是故，我知名爲質。」那先言：「用是故，我曹見佛經戒，如見佛無異。佛所說經道甚深，快人，知佛經戒以後便相效，用是效，我知爲有不能勝佛者。」

## 注釋

❶**造書師**：造字的老師、開創者。

❷**質**：不知何人。約爲古代印度歷史傳說中人。

## 第二十五問可長久踐行佛法嗎？

譯文

王又問那先道：「自從見佛教經典及其戒法之後，可以長時間地去踐行它嗎？」那先說：「佛所設的教義禁戒條律經典，十分地使人感到法喜，應該認眞踐行直至到老。」王說道：「很好啊！很好啊！」

原典

王復問那先：「自覺佛經道可久行之？」那先言：「佛所施教禁戒經，甚快！當奉行之，至老。」王言：「善哉！善哉！」

# 第二十六問人死舊身不隨神識再生後世嗎？

## 譯文

王又問那先：「人死以後，其舊有身軀不再隨著神識在後世再生嗎？」那先說道：「人死以後，將再接受新的身軀，原來的身軀並不相隨。」那先說道：「這就好像燈中的燈蕊，相繼燃燒掉原來的燈蕊，繼續在新的燈蕊上再次燃燒。人身就像這燈蕊一樣，原來身軀不隨神識一起離開，而是再接受新的身軀。」

那先問王道：「王小時跟從老師學習認字、讀經沒有？」王說道：「做過。我跟著老師後面學。」那先問王：「王跟從老師所學習的那些經書，老師難道就知道本來的經書嗎？王都是從原來的經書上學到的知識的嗎？」王說：「不是這樣的。老師也是從他人處知道原來的經書意思的。」那先說：「人的身軀也像這樣，拋開原來身軀，再接受新的身軀。」王說道：「說得好哇！說得好哇！」

## 原典

王復問那先：「人死已後，身❶不隨後世生耶？」那先言：「人死已後，更受新身，故身不隨。」那先言：「譬若燈中炷，更相然故炷，續在新炷更然。人身如是，故身不行❷，更受新身。」

那先問王：「王小時從師學書、讀經不？」王言：「然。我續念之。」那先問王：「王所從師受經書，師寧知本經書❸耶？王悉棄❹得其本經書？」王言：「不也。師續自知❺本經書耳。」那先言：「人身若此，置故身，更受新身。」王言：「善哉！善哉！」

## 注釋

❶**身**：軀殼、軀體。

❷**不行**：不隨神識而走。

❸**本經書**：原來的經書。

❹**⿱大集**：「舊」之異體字。此處指「本來」、「天生」之意。

❺**續自知**：從他人而知。

## 第二十七問那先眞的是有智慧嗎？

**譯文**

王又問：「那先眞的是有智慧，還是沒有呢？」那先說道：「沒有智慧。」（案：疑此處原譯有脫或有誤。姑照譯）。那先言：「譬如有人盜取他人果實瓜類，偷盜的人是有罪，還是無罪？」王說道：「有罪。」那先說：「當初栽種樹木時，樹上無果，何從盜起？爲何現在偷盜之人應該有罪呢？」王說：「假若當初不栽種，哪裏有什麼果子呢？因此偷盜的就有罪了。」

那先說：「人生也是這樣。因爲今世之身軀作下了善惡之事，在後世就再輪迴再生，又接受新的身軀。」王說道：「人原來是因爲舊有身軀所爲，是種下善惡之種的宿因所在。」那先說：「人的各種所作所爲，其善惡之果隨人而走，如同影子隨同身軀一樣。人死之後僅僅消失身軀，並不因此而失去其所作的善惡業力。這就像點燈在夜裏寫字一樣，火光熄滅了其字仍然存在，燈來的時候又呈現出字來。今世所作善惡之事，持續到後世而變成結果，就像從某人手中原封不動地接過來的，這便是如此。」王說道：「說得好哇！說得好哇！」

## 原典

王復問：「那先審爲有智無？」那先言：「無有智。」「譬若人盜他人菓苽❶，盜者寧有過無？」王言：「有過。」那先言：「初種樹栽時，上無有菓，何緣盜者當有過？」王言：「設不種栽，何緣有菓？是故盜者無狀❷。」那先言：「人亦如是。用今世身作善惡，生於後世，更受新身。」王言：「人用是故身行，作善惡所在。」那先言：「人諸所作，善惡隨人，如影隨身。人死但亡其身，不亡其行。譬如然火夜書❸，火滅其字續在，火至復更成之。今世所作，行後世成，如受之，如是。」王言：「善哉！善哉！」

**注釋**

❶菓蓏：即果蓏。（此譬與上文意不相屬。）

❷無狀：無理。亦指偷盜者有罪。

❸書：此處作動詞，寫字、作書之意。

## 第二十八問善惡之業果處在何地？

**譯文**

王說道：「那先能不能分別把善惡所處之地指出來讓我瞧瞧呢？」那先說：「不知道善惡究竟處在何地？」那先問王：「樹木還沒有長果子之時，王能不能分別指點著說，某一樹枝間有果，某一樹枝間沒有果，而能夠預先知道呢？」王回答道：「不能知道。」那先說：「人還沒有得道之時，不能預先知道善果或惡果在何處。」王說：「說得妙啊！說得妙啊！」

## 原典

王言：「那先寧能分別指視❶善惡所在不耶？」那先言：「不可得知善惡所在。」那先問王：「樹木未有菓時，王寧能分別指視言，某枝閒有某菓，某枝閒無有菓？寧可豫知之不耶？」王言：「不可知。」那先言：「人未得道，不能豫知善惡所在。」王言：「善哉！善哉！」

## 注釋

❶**指視**：麗刻本作「指示」，即指出某物給某人看。

# 第二十九問人能預知將投生於來世嗎？

## 譯文

王又問：「人將在後世重新投生的人，能不能在生前知道呢？」那先說：「那些將要再次新生的人自己知道。」王說：「憑什麼知道的呢？」那先說：「譬如農民耕種，天降大雨時節，這些人能不能預知將會有好收成呢？」王說：「知道。他們會根據下雨的情況判斷將會知道收成很好。」那先說：「人也一樣，根據自己所培植的福田和善惡種子，每個將要在後世再生的人會預先知道的。」王說道：「說得好哇！說得好哇！」

## 原典

王復問：「人當於後世生者，寧能自知不？」那先言：「其當生者自知。」王言：「何用知之？」那先言：「譬如田家耕種，天雨時節，其人寧豫知當得穀不？」王言：「然。知❶知田當得穀多。」那先言：「人如是，人當於後世生豫自知。」王言：「善哉！善哉！」

## 注釋

❶**知**：此「知」字當爲衍字。「別本」此句譯爲「猶知當得穀多。」案：此處譬喻，

正本與「別本」之意，均頗爲費解。

## 第三十問佛究竟在哪裏？

### 譯文

王又問那先：「的確有涅槃的境界還是沒有此境界？」那先說：「的確有。」王說道：「那先能否把佛所處的位置指出來讓我看看呢？」那先說道：「不能指出佛在何處。佛已經涅槃，不能指出佛之所在給人看。」那先說：「譬如人點燃大火，大火已經熄滅了，這堆大火的火焰還可以指出來讓人看嗎？」王說道：「不能夠再知道火焰在何處了。」那先說：「佛已經涅槃離開了我們，不能夠再知道他處在何處了。」王說道：「說得好哇！說得好哇！」

### 原典

王復問那先：「審有泥洹無？」那先言：「審有。」王言：「那先寧能指示我佛在某處不？」那先言：「不能指示佛處。佛已泥曰却❶不可得指示見處。」那先言：「譬若人然大火，已即滅❷，其火焱寧可復指示，知光所在不？」王言：「不可知處。」那先言：「佛已泥曰去，不可復知處。」王言：「善哉！善哉！」

## 注釋

❶佛已泥曰却，此句「却」字，麗刻本作「去」字。當是。「別本」此句譯爲：「佛已泥洹去」。當是。

❷**已即滅**：「別本」作「以即滅」。依文意當是「已寂滅」。

## 第三十一問沙門愛惜自己的身體嗎？

## 譯文

王又問那先道：「沙門難道也會自己愛惜自己的身體嗎？」那先說：「沙門不愛惜自己的身體。」王說道：「假使沙門不愛自己的身軀的話，爲什麼還要自我休息呢？睡覺還要安穩溫軟的床鋪，飲食還想得到好吃的食物，自己保護照料自己，這是爲了什麼呢？」

那先說：「王是否親自參加過戰鬪呢？」王說道：「參加過。曾經親自參加了戰鬪。」那先說：「在戰鬪的過程之中，曾經被刀刃、矛箭傷過沒有呢？」王說道：「我曾經狠狠地被刀刃所擊中。」那先問王道：「對刀刃、矛箭的瘡傷怎麼辦呢？」王說道：「我用膏藥棉絮包紮起來了。」那先問王道：「難道這是爲了愛護瘡傷本身，用膏藥棉絮包紮起來嗎？」王說道：「我當然不是愛護瘡疤本身了。」那先說：「若不是十分地愛惜瘡疤的話，爲什麼用膏藥棉絮包紮而保護起來呢？」王說道：「我是想讓瘡傷早日痊癒罷了。」

那先說道：「沙門也是這樣，並不愛惜自己的身體。即使吃飯喝水，心裏並不以爲美食而樂，也不把它們看作是好食物，不把它們當作是爲了追求光潔皎好的肌膚的必須品，只是要借此來資養色身，借假修眞，踐行佛教的經典與戒律，成就道業罷了。佛經上說道：『人身上有九個孔穴，是人身上九個被弓箭射傷的瘡孔。每個孔穴都泄漏臭氣的地方而並不乾淨。』」王說道：「說得好哇！說得好哇！」

## 原典

王又問那先：「沙門寧能自愛其身不？」那先言：「沙門不自愛其身。」王言：「如令沙門不自愛其身者，何以故自消息❶？臥欲得安溫濡❷，飲食欲得美善，自護視❸，何以故？」

那先言：「王寧曾入戰鬪中不？」王言：「然。曾入戰鬪中。」那先言：「在戰鬪中時，曾爲刀刃、弁❹箭瘡所中❺不？」王言：「我頗爲刀刃所中。」那先問王：「奈刀刃、弁箭瘡何？」王言：「我以膏藥綿裹❻耳。」那先問王言：「爲愛瘡故，以膏藥綿絮裹耶？」王言：「我不愛瘡。」那先言：「殊❼不愛瘡者，何以持膏藥綿絮裹而護之？」王言：「我欲使瘡早愈❽。」

那先言：「沙門亦如是，不愛其身。雖飲食，心不樂用作美，不用作好，不用作肌色趣❾，欲支身體，奉行佛經戒耳。佛經說言：『人有九孔，爲九弓瘡❿。諸孔皆臭處不淨。』」王言：「善哉！善哉！」

## 注釋

❶消息：即休息。

❷溫濡：溫暖柔和。

❸自護視：自我照顧調理。

❹𢆉：不知何字。疑爲「矢」字。或爲「矛」。

❺中：擊中。此句「別本」譯爲：「曾爲刀刃、箭所中不？」意尤簡明。

❻裹：包紮。

❼殊：特別、十分地。

❽愈：即「癒」字，通假字。

❾趣：追求、趣味。

❿九弓瘡：「別本」作「九矛瘡」。此處佛教把人身九竅看著討厭之所在，由厭世到鄙身。

# 第三十二問佛有三十二相、八十種好嗎？

## 譯文

王又問那先道：「佛是有三十二相、八十種好，通身都有金色的光環影子嗎？」那先說道：「佛的確有三十二種大人相、八十種好，通身都是金色光環籠罩的。」王說道：「佛的父母難道也有三十二種大人相、八十種好，通身都有金色光環影子嗎？」那先說道：「佛的父母沒有這些殊妙相。」王說道：「像這些大人相、隨形好，他的父母都沒有這些相好，佛也就沒有這些相好。」王又說道：「人生下孩子，都與其父母相像。父母沒有這些相好，佛也一定沒有這些相好。」那先說：「佛陀的父母即使沒有這些三十二種大人相、八十種好，也不是通身都有金色光環籠罩著。但佛的確有這些相好。」

那先說道：「王曾經看見蓮花沒有？」王說道：「我看見過蓮花呀。」那先說：「這蓮花生於地下，長於泥水之中，其顏色十分皎美，是不是還像泥水一樣的顏色呢？」王說道：「不像泥水之色了。」那先說：「雖然佛的父母沒有以上那些殊妙相，而佛的確是有這些殊妙相的。佛雖生於世間，長於世間，但又不像世間的物事。這是他累劫的修證成果，並不是用世間的常識可以量知的。」王說道：「說得太妙了！說得太妙了！」

## 原典

王復問那先：「佛為有三十二相、八十種好，身皆金色有光影耶？」那先言：「佛審有三十二相、八十種好，身皆有金色光影。」王言：「佛父母寧有三十二相、八十種好，身皆有金色有光影耶？」那先言：「佛父母無是相。」王言：「如是相、好，是父母無是相，佛亦無是相。」王復言：「人生子，像其種類❶。父母無是相者，佛定無是相。」那先言：「佛父母雖無是三十二相、八十種好，身金光色者。佛審有是相。」

那先言：「王曾見蓮花不？」王言：「我見之。」那先言：「此蓮花生於地，長於泥水，其色甚好，寧復類泥水色不？」王言：「不類地泥水色。」那先言：「雖佛父母無是相者，佛審有是相。佛生於世間，長於世間，而不像世間之事。」王言：「善哉！善哉！」

## 注釋

❶種類：種，此處即指父母。類，模樣。

## 第三十三問佛像第七梵天不與婦女交會嗎？

## 譯文

王又問那先：「佛的確像第七天王梵的修清淨梵行，不與婦人在一起過性生活嗎？」那先說：「的確如此！的確遠離了女人，淨潔而毫無瑕穢之事。」王說道：「假如佛像第七天王的修清淨梵行一樣，佛就是第七天王的弟子了。」那先問王道：「第七天王是有心念，還是無心念呢？」王說道：「第七天王梵有心念。」那先說：「因此，第七天王梵以及上界諸天王，都是佛的弟子。」那先問：「王說象的叫聲與什麼東西的叫聲相似？」王說：「象的叫聲像雁的叫聲。」那先說：「像這樣說來，象便是雁的弟子了？但事實上是各自屬不同的種類，佛的情況也是這樣，並不是第七天王梵的弟子。」王說道：「說得太妙了！說得太妙了！」

## 原典

王復問那先：「佛審如第七天王梵所行，不與婦女交會❶不？」那先言：「然。審離於女人，淨潔無瑕穢。」王言：「假令佛如第七天王所行者，佛爲第七天王梵弟子。」那先問王：「第七天王者，有念無念？」王言：「第七天王梵有念。」那先言：「是故，第七天王梵及上諸天，皆爲佛弟子。」那先問：「王言象鳴聲何等類❷？」王言：「象鳴聲如鴈聲。」那先言：「如是，象爲是❸鴈弟子？各自異類，佛亦如是，非第七天王梵弟子。」王言：「善哉！善哉！」

## 注釋

❶**交會**：即性交，過性生活。

❷**類**：相類似。

❸**爲是**：因爲此，因爲這一聲音。是，指代聲音。

## 第三十四問佛從誰學習經戒？

### 譯文

王又問那先：「佛難道都是通過學習而知道經典和戒律的嗎？」那先說：「佛都是學習而知道的。然後踐履經典教義及戒律的。」王說道：「佛從哪位老師接受經戒的呢？」那先說：「佛沒有固定的、明確的老師。佛自已證得道果時，便都知道各種經典及其中法則了。佛不像我們這些弟子們是從其他老師那裏學習之後才知道的。佛所教導諸位弟子的經義戒律，都應當堅決踐行直到年老。」

### 原典

王復問那先：「佛寧悉學知經戒不？」那先言：「佛悉學知，奉行經戒。」王言

：「佛從誰師❶受經戒？」那先言：「佛無師。佛得道時，便悉自知諸經道。佛不如❷諸弟子學知。佛所教諸弟子，皆當奉行至老。」

注釋

❶**誰師**：哪一個老師。

❷**不如**：不像。

## 第三十五問父母死哭、聞法哭有何不同？

譯文

王又問那先道：「人們在父母死亡之時，悲啼而哭以至淚流；有些人傾聽佛經之時，也悲啼而哭以至淚流。這是相同呢？還是不同呢？」那先說道：「人們為父母死亡而哭泣，都是因為感激父母的恩愛，因恩愛而產生情執思念，由此而導致愁憂痛苦。這些人的憂愁，是愚癡者的愁憂。那些傾聽佛教經典之後而感動淚流滿面者，都是因佛的經教引發他的慈悲哀憫之心，他們體悟到世間的辛懃勞苦，所以淚流滿面。這些人的流淚啼哭所得到的福報將是很大的。」王說：「說得好哇！」

## 原典

王又問那先：「人父母死時，悲啼哭淚出；人有聞佛經，亦復悲啼淚出。俱尒❶寧別異不？」那先言：「人爲父母啼泣，皆感恩愛、恩念，愁憂苦痛，此曹❷憂者，愚癡憂。其有聞❸佛經道淚出者，皆有慈哀之心，念世間懃苦❹，是故淚出。其得福甚大。」王言：「善哉！」

## 注釋

❶**俱尒**：即俱爾。意思是「相同呢」。

❷**此曹**：此輩、這些人。

❸**聞**：聽人宣聽。

❹**懃苦**：即痛苦、辛苦。此段乃講佛教慈悲情懷的來由。

# 第三十六問已度未度者有何差別？

## 譯文

王又問那先：「那些已經得度的人，與沒有得度的人有些什麼差別？」那先說：「人在沒有得度之時，有貪婪欲望之心；人在得度之後，便沒有了貪欲之心。只僅僅是想成就道業而獲得飯食以維持生命罷了。」王說道：「我看世間之人，都想使身體愉快，想要獲得美好的飯菜，從沒有滿足的時候。」那先說：「人在沒有達到得度的境界時，飲食的行爲，是被當作一種快樂愛好；已經達到了超脫的境界者，即使同樣在吃飯喝水，但不再把這種行爲看作是一種快樂，也不再去追求甘美的飲食趣味，只是要維持生命的延續罷了。」王說道：「說得好哇！說得好哇！」

## 原典

王又問那先：「以得度脫者，有何等別異？」那先言：「人未得脫者，有貪欲心；人得脱者，無有貪欲之心。但欲趣得飰食支命❶耳。」王言：「我見世間人，皆欲快身，欲得美食，無有猒足❷。」那先言：「人未得度脱，飲食者，用作榮樂好美；得度脱者，雖飲食，不以爲樂，不以爲甘❸趣，欲支命。」王言：「善哉！善哉！」

**注釋**

❶**支命**：維持生命。

❷**猒足**：即厭足。滿足之意也。

❸**甘**：甜美。

## 第三十七問人會憶念久遠以前之事嗎？

**譯文**

王又問那先道：「人們在有所作爲的時候，能夠思考很久遠以前的事嗎？」那先說：「人在愁苦憂傷的時候，都會回憶很久很遠的事情的。」王說（原文脱「説」字）道：「用什麼來憶念呢？用心志去憶念嗎？用憶念去憶念嗎？」那先問王道：「是否曾經學習知識，以後又回憶這些知識還是沒有回憶呢？」王說道：「的確，我曾經學習過一些知識，以後忽然又忘了這些知識。」那先說：「王這個時候沒有了心志，而忘記了所學的嗎？」王說：「我時常忘記要憶念的東西。」那先說：「行了。王這種現象差不多可以歸於某一種類型了（屬於對久遠之事的憶念）。」

## 原典

王復問那先：「人家有所作，能念❶久遠之事❷不？」那先言：「人愁憂時，皆念久遠之事。」王：「用何等念之？用志念耶，用念念耶？」那先問王言：「寧曾有所學知，以後念之不？」王言：「然我曾有所學知，以後忽忘之。」那先言：「王是時無志耶，而忘之乎？」王言：「我時忘念❸。」那先言：「可，恙❹王爲有象。」

## 注釋

❶**念**：意念、心念，此乃爲佛教主要概念之一。它是指一種意識活動。

❷**久遠之事**：過去之事。

❸忘念，「別本」作「妄念」，當是。

❹**差**：即「差」字。

## 第三十八問人有所作皆會憶念嗎？

### 譯文

王又問那先：「人有所作爲，都會憶念嗎？假使開始有所作爲，再考慮現在的所作所爲，都是用憶念知道的嗎？」那先說：「已經過去的事情，都是通過憶念知道的；憶念現在的事情，也是用憶念知道的。」王說道：「如果是這樣的話，人們就只會憶念過去之事，不再能夠憶念新生的事物了。」那先說道：「假如新的有所作爲而不能憶念，也是這樣通過憶念而知道的。」王說道：「人們新學的書寫技巧是白白地付出的代價嗎？」那先說：「人們新學的書畫技巧，因爲有憶念，所以要求弟子們學習；有所知，因此才有憶念的可能。」王說：「說得好哇！說得好哇！」

## 原典

王復問那先：「人有作，皆念耶？若甫❶如有所作，念見在❷所作，皆用念知耶？」那先言：「已去之事，皆用念知之；念見在之事，亦用念知之。」王言：「如是，人但念去事❸，不能復念新事。」那先言：「假新者有所作不可念者，亦如是。」王言：「人新學書伎巧爲唐捐❹耶？」那先言：「人新學書盡者，有念，故令弟子學者；有知，是故有念耳。」王言：「善哉！善哉！」

## 注釋

❶**甫**：剛剛、正開始。

❷**見在**：即現在。

❸**去事**：過去之事。

❹**唐捐**：虛擲、落空。

## 第三十九問人因何事而產生憶念？

**譯文**

王又問那先：「人因爲哪些事情引起憶念呢？」那先說：「人一共有十六件事可以引起憶念：第一，很久以前的所作所爲，引起憶念；第二，新近的所學，引起憶念；第三，如果有重大的事情，將引起憶念；第四，嚮往善的境界，將引起憶念；第五，曾經所經歷的苦難，引起憶念；第六，思惟同宗或同類命運，將引起憶念；第七，曾經對各種不同之事有所涉獵，也引起憶念；第八，教導別人，將會引起憶念；第九，尋求類的歸屬，引起憶念；第十，曾經有所遺忘的事情，引起憶念；第十一，因爲獲得知識，引起憶念；第十二，術數活動，引起憶念；第十三，因爲負債，引起憶念；第十四，心志專一於生命的源起及未來，將會引起憶念；第十五，讀書活動，引起憶念；第十六，曾經有所寄託，並親眼見過這種理想，引起憶念；這便是引起憶念的十六種事情。」

王又問那先道：「憶念久遠是指什麼呢？」那先說道：「如佛的弟子阿難，有一位在家女弟子優婆夷名叫鳩讎單罷，能憶念千億世前的宿命事情；及其他一些得道之人，都能憶念過去世的事情；像阿難的女弟子等的得道之人很多，都能憶念久遠之事，此是爲因憶念過去久遠生中之事而引起憶念。」

王又問：「因爲新學的東西引起憶念是指什麼呢？」那先說：「就像人們曾經學習過術數技藝，後來又忘記了；看到別人所作，便又再次地產生了憶念。」

王又問那先：「爲大事憶念是指什麼？」那先說道：「譬如太子被册立爲王，自己心想這是豪貴之事，這便是指因爲大事而憶念。」

王又問那先道：「憶念善之境界而引起憶念是指什麼？」那先說道：「假如某個人被另一個人所延請，並且極其友善的招待這個人。嗣後這個被請的人心裏想到：在過去曾經被某人所延請，應該以友善的心意來對他人。這便是因爲回憶而嚮往善德境界引起憶念。」

王又問那先道：「爲所經歷之苦而引起憶念是指什麼呢？」那先說：「譬如一個人曾經被人用棍棒毒打過，或曾被關閉在牢獄之中，這便是爲經歷之苦而引起憶念的意思。」

王又問那先道：「同類相憐引起憶念是指什麼？」那先說道：「譬如人曾經見過家裏親人，同宗親屬以及家裏的畜生引起悲憫心情，這便是同類憐憫引起的憶念。」

王又問那先：「曾經對各種事物有所涉獵引起憶念是指什麼？」那先說：「譬如人類爲萬物起名，對各種色、香臭之氣、酢苦之味加以標識分別，憶念這些衆多表相，便是被曾經所涉獵的諸事物引起憶念之意。」

王又問那先道：「教導他人引起憶念是指什麼？」那先說：「人們自己欣賞自己，忘記了身邊還有其他人存在，這些人有的還有記憶，有的已經忘記了，於是好爲人師，這便是教導他人引起憶念。」

王又問那先：「爲尋找類的歸屬而引起憶念是指什麼？」那先說：「人、牛、馬等各自都其類的歸屬，這便是尋找類的歸屬而引起憶念。」

王又問那先道：「曾經記得而突然間忘了而引起憶念是指什麼呢？」那先說：「譬如一個倉猝之間突然忘記了曾經所記的東西，一心一意地急於找回記憶而對此東西耿耿記在心中，這便是因爲忘記曾經所記憶的東西而引起憶念。」

王又問那先：「因爲學習知識而引起憶念是指什麼？」那先說道：「學習寫字的人，能夠安排各個字的位置，爲此而動腦筋便是因爲學習知識而引起憶念之意。」

王又問那先道：「因爲校量分析而引起憶念是指什麼？」那先說：「譬如人們一起學習校量分析成功的原因，全部都明白了其中的方法，這便是因爲校量分析而產生憶念的意思。」

王又問那先：「因爲負債而引起憶念是指什麼？」那先說：「譬如某人正在欠著他人之債，又值該還債的時候，這便是因爲負債而產生憶念。」

王又問那先：「專心於生命的源起及未來而引起憶念是指什麼？」那先說：「沙門輩使心志專一，自己思考生命從何處而來，以及千億世之前的事情，這便是我所說的心志專一而引起憶念。」

王又問那先：「因爲讀書而引起憶念是指什麼呢？」那先說：「帝王有年代久遠的古書，心中想到這是哪一代帝王、哪一個歷史時期的書呢？這便是因爲讀書而引起憶念。」

（王問道：）「因爲曾經有所寄託並在某處又親自見過而引起憶念是指什麼？」

那先說：「假如某人有所寄託，又親眼在某處見過此理想之境，因而引起憶念，這便是因為『所寄』而產生憶念。」王說道：「說得好哇！說得好哇！」

## 原典

王復問那先：「人用幾事生念念耶？」那先言：「人凡有十六事生念：一者，久遠所作，生念；二者，新有所學，生念；三者，若有大事，生念；四者，思善，生念；五者，曾所更苦❶，生念；六者，自思惟，生念；七者，曾雜所作❷，生念；八者，教人，生念；九者，象❸，生念；十者，曾有所忘，生念；十一者，因識，生念；十二者，教計❹，生念；十三者，負債，生念；十四者，一心，生念；十五者，讀書，生念；十六者，曾有所寄更見❺，生念；是為十六事生念。」

王復問那先：「何等為念久者？」那先言：「佛弟子阿難女弟子優婆夷鳩讎單罷，念十億世宿命之事；及餘道人，皆能念去世❻之事；如阿難女弟子輩甚衆多；念此，已便❼生念。」

王又問：「何等新所學生念者？」那先言：「如人曾學知挍計❽，後復忘之，見人挍計，便更生念。」

王又問那先：「何等爲大事生念？」那先言：「譬若太子立爲王，自念爲豪貴，是大事生念。」

王復問那先：「何等爲思善生念者？」那先言：「譬若人爲人所請呼，極善意賓延⑨遇待之。其人自念言：昔日爲某所請呼，善意待人。是爲思善生念。」

王又問那先：「何等爲更苦生念者？」那先言：「譬若人曾爲人所撾捶⑩，閉繫⑪牢獄，是爲更苦生念。」

王復問那先言：「何等爲自惟生念者？」那先言：「譬若人曾有所見家室、宗親及畜生，是爲自惟生念。」

王又問那先言：「何等爲曾雜所作生念者？」那先言：「譬若人万物字顏色、香臭、酢苦，念此諸事，是爲曾雜生念。」

王復問那先言：「何等爲教人生念者？」那先言：「人自喜，忘邊人，或有念者，或有忘者，是教人生念。」

王又問那先言：「何等爲象生念者？」那先言：「人、牛、馬各自有象類，是爲象生念。」

王又問那先言：「何等爲曾所忘生念者？」那先言：「譬若人卒⑫有所忘數數⑬獨念得之，是爲曾所忘生念。」

王復問那先：「何等爲因識生念者？」那先言：「學書者，能次其字，是爲因識生念。」

王復問那先：「何等爲挍計生念者？」那先言：「如人共挍計成就，悉知繁術分明，是爲挍計生念。」

王又問那先：「何者爲負債生念者？」那先言：「如人所當債，所當歸⑭，是爲負債生念。」

王又問那先：「何等爲一心生念者？」那先言：「沙門一其心，自念所從來，生千億世時事，是我爲一其心生念。」

王又問那先：「何等爲讀書生念者？」那先言：「帝有久古之書，念言某帝、某吏時⑮書也，是爲讀書生念。」

「何等爲曾有所寄，更見生念者？」那先言：「若人有所寄，更眼見之，便生念便生念，是爲『所寄』生念。」王言：「善哉！善哉！」

## 注釋

❶**更苦**：經歷之苦。

❷**雜所作**：所作不專一。

❸**象**：物之具體形象，尋求同類、歸宿。

❹**敎計**：「別本」作「校計」。即術數技藝。

❺**更見**：經歷過的見聞，親眼見過。

❻**去世**：過去的世代。

❼已便，「別本」作「以便」。

❽**挍計**：前面作「敎計」。計算之意也。

❾**賓延**：延請。

❿**撾捶**：即遭到棍棒的棰楚。

⓫**閂繫**：即關繫。

⑫九卆：卒也。通猝也。倉促之間。

⑬數數：汲汲，一心一意地在尋求。

⑭歸：償還。

⑮吏時，「別本」作「午時」，當是。或「吏」爲「史」之誤。

## 第四十問佛知三世一切事嗎？

### 譯文

王又問那先道：「佛難道都能知道過去之事的初始狀態，以及未來將發生的事嗎？」那先說：「是的，佛都知道這些事情。」王說道：「假如佛都知道這些事情，爲什麼不集中於一時全都教給他的弟子們呢？爲什麼慢慢地教給他們呢？」那先問王道：「您國中有醫師還是沒有？」王說道：「有醫師。」那先說：「這些醫師能否知道天下的各種藥物呢？」王說道：「能夠都知道天下各種藥物。」

那先問王：「這些醫師治人病時，是集中時間把所有的藥都給病人呢？還是慢慢地給藥呢？」王說道：「沒有生病的時候，不能預先給藥；針對具體的病症時，才配給藥劑。」那先說道：「同樣，佛即使知道過去、未來、現在的事情，也不可能一時全部教給天下之人。將依弟子的根機慢慢授予經文戒律，使他們踐行。」王說道：「說得好哇！說得好哇！」

## 原典

王復問那先言：「佛寧悉知去事甫始❶，當來事耶？」那先言：「然，佛悉知之。」王言：「假令佛悉知諸事者，何故不一時教弟子？何故稍稍教之？」那先問王：「國中寧有醫師無？」王言：「有醫師。」那先言：「其醫師寧能悉知天下諸藥不？」王言：「能悉知諸藥。」

那先問王：「其藥師治人病，爲一時與❷藥，爲稍稍與之？」王言：「未病，不可豫與藥；應病❸，乃與藥耳。」那先言：「佛雖悉知未來、現在之事，亦不可一時教天下人。當稍稍授經戒，令奉行之耳。」王言：「善哉！善哉！」

## 注釋

❶甫始：開始。

❷與：給。

❸應病：根據病情。

## 第四十一問人死念佛能生天嗎？

## 譯文

王又問那先：「您們這些沙門說：『人在世間作惡直至百歲，到臨死時候虔心發願念佛，死後能仗念佛之功德都能生於天上。』我不相信這些話。你們又說：『殺死一個生命，死後便會墮入地獄之中。』我不相信這種說法。」那先問王道：「假如有人拿一顆小石子放到水上，石子是飄浮的呢，還是沉下去呢？」王說道：「這顆石子沉下去。」那先說：「如果抬百塊大石頭放到船上，這艘船難道會沉下去嗎？」王說道：「船不沉下去。」

那先說道：「船中百塊大石頭，因爲船的緣故，不沉下去；人即使曾經作的惡行，因爲有一個短時間明白善惡因果，生大懺悔，專心的念佛，因爲這一念佛功德而不沉淪到地獄之中，而且還會生在天上。那顆小石子沉到水中，就像人作惡之後，不知道聽聞佛經、不知懺悔，死後便墮入地獄之中。」王說道：「說得好哇！說得好哇！」

## 原典

王又問那先：「卿曹沙門言：『人在世間作惡至百歲，臨欲死時念佛，死後者皆生天上。』我不信是語。復言：『煞❶一生，死即入泥犁中。』我不信是也。」那先問王：「如人持小石置水上，石浮耶，沒耶？」王言：「其石沒。」那先言：「如令持百牧❷大石置舩❸上，其舩寧沒不？」王言：「不沒。」

那先言：「舩中百牧大石，因舩故，不得沒；人雖有本惡❹，一時念佛，用是不入泥犁中，便生天上。其小石沒者，如人作惡，不知佛經，死後便入泥犁。」王言：

「善哉！善哉！」

## 注釋

❶煞：殺也。

❷百牧：即百枚、百顆。

❸舩：船之異體字。

❹本惡：一貫之惡。

## 第四十二問汝輩爲何出家作沙門？

## 譯文

王又問那先：「您們這些人因爲什麼緣故，去學道做沙門呢？」那先說：「我們深深認爲過去世是苦，現在世是苦、未來世還是苦，想要拋棄這些苦痛，不想再去經歷這些苦，所以來學道作沙門。」王又問那先：「苦乃是在後世，可以預先學道作沙門而能免除嗎？」

那先問王：「王是不是有敵國、怨家，想要攻擊你嗎？」王說道：「是的，有敵國、怨家，常常想要攻擊我國呀。」那先問王道：「敵國主帥來臨之時，王才去作戰鬪的準備、防守、挖戰壕嗎？還是先預備好這一切呢？」王說道：「當然預先有所準備。」那先問王道：「爲什麼先作儲備呢？」王說道：「敵人來了的時候，沒有時間的緣故呀。」那先問王：「敵人還沒有來，爲什麼要預先準備呢？」那先又問：「肚子餓了的時候才種田，口渴才掘井嗎？爲什麼要作預備呢？」王說道：「說得太好了！說得太好了！」

**原典**

王復問那先：「卿曹用何等故，行學道，作沙門？」那先言：「我今以過去苦、現在苦、當來苦，欲棄是諸苦，不欲復受更❶，故行學道作沙門。」王復問那先：「苦乃在後世，可爲豫學道，作沙門？」

那先問王：「王寧有敵國、怨家，欲相攻擊不？」王言：「然，有敵國、怨家，常欲相攻擊也。」那先問王：「敵主❷臨來時，王乃作鬪具，備守、掘壍耶？當豫作之乎？」王言：「當豫有儲偫。」那先問王：「何等故先作儲偫？」王言：「備❸敵來，無時故。」那先問王：「敵尚未來，何故豫備之？」那先又問王：「飢乃田種，渴❹何故豫作備度？」王言：「善哉！善哉！」

## 注釋

❶**更**：經歷、經受。

❷**敵主**：敵國的首領，此處代指敵國軍隊。

❸**備**：臨近、等到。

❹**渴**：此字下漏譯。依「別本」是「渴乃掘井耶」。

# 第四十三問第七梵天距娑婆世間多遠？

## 譯文

王又問那先：「第七梵天距離我們這兒有多遠？」那先說：「十分遠。假如有一塊大如王之殿堂的石塊從第七梵天上墜落下來，六天才能墜到我們這塊地上。」王說：「您們這些沙門說：『得阿羅漢道之人，就像人彎曲伸直手臂一樣，須臾之間便飛到第七梵天之上。』」王說道：「我不相信這一說法。行走數千萬億里的道路，憑借什麼能走這麼快呢？」

那先問王：「王本來生於哪個國家呢？」王說道：「我本來生於羅馬國，其國名叫亞歷山大帝國。」那先問：「亞歷山大帝國距離這兒有多少里路程？」王說道：「距離這兒有二千由旬，合計共八萬里。」那先問王：「曾經在這遙遙想念本國之中的事情沒有？」王說道：「當然囉，常常遙遙思念本國之中的事情呀。」那先說：「王現在試作再來思念一下本國中的事情，就像你曾經所作過的遙念一樣。」王說道：「

我現在已經遙念結束了。」那先說：「王行八萬里來回的路程，爲什麼這麼迅速呀？」王說道：「你這個例子說得太好了！說得太好了！」

原典

王又問那先：「第七梵天去是❶幾所？」那先言：「甚遠。令大如王殿石從第七梵天上墮之，六日乃墮此閒地耳。」王言：「卿曹諸沙門言：『得羅漢道，如人屈申❷臂，須以飛上第七梵天上。』」王言：「我不信是，行數千万億里，何以疾❸乃尒？」

那先問王：「王本生何國？」王言：「我本生大秦國❹，國名阿荔散❺。」那先問王：「阿荔散去是閒幾里？」王言：「去是二千由旬❻，合八万里。」那先問王：「曾頗❼於此遙念本國中事不？」王言：「然，恒念本國中事耳。」那先言：「王試復更念本國中事，曾有所作爲者。」王言：「我即念已。」那先言：「王行八万里反覆❽何以疾？」王言：「善哉！善哉！」

## 注釋

❶**去是**：距離這裏。

❷**屈申**：通屈伸。

❸**疾**：飛快。

❹**大秦國**：古羅馬國。

❺**阿荔散**：依梁啓超釋，即爲亞歷山大之舊譯。

❻**由旬**：古代印度計量長度的單位。按此處折算，每由旬四十里。

❼**頗**：是否。

❽**反覆**：即來回。

# 第四十四問兩人同死何者先投胎？

## 譯文

王又問那先：「假若有兩個人在現在一同死去，一個人上生於第七梵天，一個人生於罽賓。而罽賓距離這裏七百二十里，那麼哪一個首先到達他們各自的地方呢？」那先說：「請王試作遙念亞歷山大帝國。」王說：「我已經遙念了。」那先又說道：「王再試作遙念罽賓。」王說道：「我也已經遙念罽賓了。」那先問王：「遙念這兩個國家，哪一個更快到達呢？」王說道：「都是一樣地快。」那先說：「兩個人一道死去，一人生於第七梵天之上，一個人生罽賓國，也是同等時間到達。」

那先又問王：「假如有一雙飛鳥，一隻在一棵高樹上棲止，一隻在一棵矮樹上棲息，兩鳥同時起飛，哪隻鳥的影子首先到達地面？」王說道：「兩個影子同時到達地面呀！」那先說道：「兩個人一道死去，有一個人生於第七梵天上，有一個人生於罽賓之國，也是同時到達呀。」王說道：「說得好哇！說得好哇！」

## 原典

王復問那先：「若有兩人於此俱死❶，一人上生第七梵天，一人生罽賓❷。罽賓去七百二十里，誰爲先到者？」那先言：「試念阿荔國❸。」王言：「我已念之。」那先復言：「王試念罽賓。」王言：「我已念之。」那先問王：「念是兩國，何所疾者？」王言：「俱等耳。」那先言：「兩人俱死，一人生弟七梵天上，一人生罽賓，亦等耳。」

那先問王：「若有一雙飛鳥，一於一高樹上止，一鳥於甲樹❹上止，兩鳥俱飛，誰影先在地者？」王言：「其影俱倒❺地耳。」那先言：「兩人俱死，一人生弟七天上，一人生罽賓，亦俱時至耳。」王言：「善哉！善哉！」

## 注釋

❶**俱死**：一同死去。

❷**罽賓**：漢代西域的國名。在今喀布爾河下游流域克什米爾一帶地區。罽，音jì。

❸**阿荔國**：即阿荔散國。

❹**甲樹**：應寫作卑樹，即「矮樹」。

❺**俱倒**：俱到、同時到。

## 第四十五問通過何種方式學習可知道法？

**譯文**

王又問那先：「人要通過幾種方式學習然後知曉大道？」那先說：「通過七件事，可以知曉大道。」「是指哪七件事呢？」「第一，要憶念何者爲善何者爲惡之事；第二，要精進修道；第三，要以道爲樂；第四，要制伏諸惡念使之向善；第五，要以道爲思念的準則；第六，要專心致志；第七，要達到沒有什麼可以憎恨可以喜愛的境界。」

王又問那先：「人通過這七件事，能夠學習而知曉大道？」那先說：「並不全部都要用上七件事，學習之後然後才知曉大道。有智慧之人緊緊抓住判別善惡這一點，憑借持智以分別善惡這一件事，其他的都知道了。」王又問那先：「假如只要通過一件事而就能知道大道，爲什麼又說是七事呢？」那先問王：「如果人手持鋼刀放於刀鞘之中，並且掛在牆壁之上，這把刀難道能夠自己去割截什麼東西嗎？」王說道：「不能割截什麼東西。」那先說：「人心即使是具有明智之端，雖有分別善惡的智慧，但也應當通過其餘六件事的開啓協助，然後合成智慧。」王說道：「說得好哇！說得好哇！」

## 原典

王復問那先：「人用幾事，學知道？」那先言：「用七事，學知道。」「何等爲七？」「一者，念善惡之事；二者，精進；三者，樂道；四者，伏意爲善；五者，念道；六者，一心；七者，適無所憎愛。」

王又問那先：「人用此七事，學知道耶？」那先言：「不悉❶用七事，學知道。知者持知善惡，用是一事，別❷知耳。」王又問那先：「假令用一事知者，何爲說七言❸？」那先問王：「如人持刀著鞘中，倚❹壁，刀寧能自有所割截不？」王言：「

不能有所割截。」那先言：「人心雖明，會當得是六事，共成智耳。」王言：「善哉！善哉！」

## 注釋

❶悉：盡、都、全部。
❷別：其他。
❸言：此或爲衍字，或爲筆誤。當作「耶」。
❹倚：掛在。

## 第四十六問人行善得福大或作惡得殃大？

## 譯文

王又問那先：「人們行善，得福就大嗎？作惡，遭殃就大嗎？」那先說：「人行善，其獲得的福一定是大的，作惡，其遭到的禍殃可能是小的。因爲人作惡之後，天天自我悔過，所以他的罪過就一天比一天小。別人行善，每日每夜都在心中充滿著歡喜之情，所以他獲得的福也就大。」

那先說：「過去的時候，佛還在世，他所處的國中有一個人，手和脚都沒有了但還取得一枝蓮花，拿著這朶蓮花獻給了佛。佛當時就告訴各位比丘，說道：『這一位沒有手脚的孩子，往後經歷九十一劫的輪迴，也不會再墜入地獄中，進入畜生道中、餓鬼道中，而可以生於天上。天上的壽命終結之後，又還重新做人。』因此，我知道人們行小善，其獲得的福很大；那些作過惡的人自己懺悔自新，一天一天地將消滅罪孽以致乾淨。所以，我知道人們作惡之後，只要懺悔自新其禍殃可能很小。」王說道：「說得好哇！說得好哇！」

## 原典

王復問那先：「人家作善，得福大耶？作惡，得殃大耶？」那先言：「人作善，得福大；作惡，得殃小。人家作惡，日日自悔過，是故其過日小。人家作善，日夜自念歡喜，是故得福大。」

那先言：「昔者，佛在時，其國中有人，掘無❶手足而取蓮花持上❷佛。佛即告諸比丘言：『此掘足手兒，却後❸九十一劫❹，不復入泥犁中，畜生、薜荔道❺中，得生天上。天上壽終，復還作人。』是故，我知人作小善，得福大。作其惡，人自悔過，日消滅而盡。是故，我知人作過，其殃小。」王言：「善哉！善哉！」

## 注釋

❶掘無：「別本」譯作「杌無」。杌，樹無枝的樣子。此處指沒有手足的人。
❷上：獻給。
❸却後：往後。
❹劫：佛教記時之單位。天地從形成到毀壞爲一劫。
❺薜荔道：即餓鬼道。以其長劫不聞漿水之名，常爲飢餓所逼。

## 第四十七問智愚者作惡，何人得殃大？

**譯文**

王又問那先：「智慧之人作惡，愚蠢之人作惡，這兩個人的罪過，哪一個人得到的多些呢？」那先說：「愚蠢之人作惡，其所得的禍殃大些；智慧之人作惡，他們得到禍殃小些。」王說道：「不知那先所說的是什麼意思。」王說道：「我國中治理人的法律規定：大臣有了過錯，則重重治罪；小民有了過錯，則罪行從輕發落。因此，我只知道智慧之人作惡，得到的禍殃更大些；愚昧之人作惡，獲得的罪責還輕些。」

那先問王：「假如有燒熱的鐵丸在地上，一個人知道是燒熱的鐵丸，一個人不知道，兩個人都上前去取這一燒熱的鐵丸，哪一個燙爛手的程度大些？」王說：「不知是熱鐵丸的人手燙爛的程度大些。」那先說：「愚昧之人作惡，不能夠自我悔悟，所以他們得到的禍殃就大些；智慧之人作惡，知道了自己所作所爲的不應該，每天都在懺悔過錯，所以他們的禍殃就小些。」王說道：「說得好哇！說得好哇！」

## 原典

王復問那先：「智者作惡，愚人作惡，此兩人殃咎，誰得多者？」那先言：「愚人作惡，得殃大；智人作惡，得殃小。」王言：「不知那先言。」王言：「我國治法，大臣有過，則罪之重；小民有過，罪之輕。是故，我知智者作過惡，得殃大；愚者作惡，得殃小。」

那先問王：「譬如燒鐵❶在地，一人知為燒鐵，一人不知，兩人俱前取燒鐵，誰爛手❷大者耶？」王言：「不知者手爛大。」那先言：「愚者作惡，不能自悔，故其殃大；智者作惡，知不當所為，日自悔過，故其殃少。」王言：「善哉！善哉！」

## 注釋

❶燒鐵：滾燙的、熾熱的鐵。

❷爛手：燙傷手。

# 第四十八問此身能飛行到第七梵天嗎？

## 譯文

王又問那先：「人們之中有一些能攜帶身軀，飛行到第七梵天，上到鬱單曰地以及想到什麼地方就到什麼地方嗎？」那先說：「能。」王說：「如何攜帶這一身軀，上到第七梵天及鬱單曰地，以及心中想要到的地方呢？」那先問王：「王是否還記得少年時遊戲跳高，一跳就是一丈多高的事嗎？」王說道：「我少年時意念之中想跳，便跳了一丈多高。」那先說：「得道之人，心中想跳到第七天上以及到鬱單曰地，也就像你小時遊戲一跳那樣。」王說道：「說得好哇！說得好哇！」

## 原典

王復問那先：「人有能持此身，飛行上至第七梵天上及至鬱單曰地，及所欲至處者不耶？」那先言：「能。」王言：「奈何持此身，上第七梵天及鬱單曰地❶及所欲至處乎？」那先問王：「王寧自念少小時跳戲❷一丈地不？」王言：「我年少時意念欲跳，便跳一丈餘地。」那先言：「得道之人，意欲跳至第七天上及至鬱單曰地者，亦尒。」王言：「善哉！善哉！」

## 注釋

❶鬱單曰地，「別本」作「鬱單越地」。

❷**跳戲**：戲跳、玩耍蹦跳。

## 第四十九問何物骨長四千里？

## 譯文

王又問那先：「您們這些沙門輩說：『有一個東西骨架之長有四千里。』什麼東西的身軀，它的骨架之長有四千里呢？」那先問王：「曾經聽說過大海中有種大魚，名字叫做質，身長二萬八千里的這種魚嗎？」王說道：「的確，有這一傳說，我曾聽說過。」那先說：「像這種二萬八千里長的魚，牠的脇骨長四千里，還値得奇怪嗎？」王又問那先：「您們這些沙門說道：『我能夠中斷呼吸。』」王說道：「人怎麼能夠中斷呼吸之氣呢？」

那先問王：「曾經聽說過心志沒有？」王說：「我曾經聽說過。」那先說：「王認爲心志在人身軀之中嗎？」王說道：「我認爲心志在人身軀之中。」那先說：「王認爲愚昧之人不能控制他們的身軀嘴巴，不能夠持守經典戒律，像這些人，也不以他們的身軀爲快樂嗎？」那先說：「那些修道的人能夠控制他們的身軀，能夠控制他們的嘴巴，能夠持守經典戒律，能使自己的心志專一，證得四禪，便能夠不再呼吸了。」王說道：「說得好哇！說得好哇！」

## 原典

王復問那先：「卿曹諸沙門言：『有骨長四千里。』何等身，骨長四千里？」那先問王：「曾聞大海中有大魚，名質，身長二万八千里者不？」❶王言：「然，有是。我曹聞之。」那先言：「如是二万八千里魚，其脇骨長四千里，王恠❷之爲？」王復問那先：「卿曹諸沙門說言：『我能斷❸喘息❹之事。』」王言：「奈何可斷喘息氣耶？」

那先問王：「寧曾聞志不？」王言：「我聞之。」那先言：「王以爲志在人身中耶？」王言：「我以爲志在人身中。」那先言：「王以爲愚人不能制其身口者，不能持經戒，如此曹人，亦不樂其身？」那先言：「其學道人者能制其身，能制口，能持經戒，能一其心，得四禪，便能不復喘息耳。」王言：「善哉！善哉！」

## 注釋

❶此處描寫，頗類莊子所描述的寓言故事。

❷恠：怪之異體字。

❸斷：斬斷、中斷。

❹喘息：呼吸。

# 第五十問為什麼海水是鹹的？

## 譯文

王又問那先：「為什麼稱為海呢？海因為這些水而名字叫做海嗎？還是因為其他原因叫做海呢？」那先說：「人之所以稱之為海，是因為水與鹽各占一半的緣故，因此叫做海。」王又問那先：「是什麼緣故海水都鹹得像鹽一樣呢？」那先說：「海水之所以是鹹的，是因為蓄積的時間久遠，以及魚鼈蟲類不斷地向水中排泄大小便，因此是鹹的。」王說道：「說得好哇！說得好哇！」

## 原典

王復問那先：「為呼言❶海？海為是❷水名為海耶，用他事故❸言海？」那先言：「人所以呼為海者，水與塩❹叅各半，是故為海耳。」王復問那先：「何以故海悉鹹如塩味？」那先言：「所以海水醎者，啖畜以來久遠，及魚鼈蟲多共清❺水中，是故令鹹耳。」王言：「善哉！善哉！」

**注釋**

❶**爲呼言**：爲什麼稱之爲。

❷**爲是**：因爲這種。

❸**事故**：原因。

❹**塩**：即「盐」之異體字。

❺**清**：麗刻本寫作「漬」。「別本」譯作「清便」。依文意，「別本」。古人以此解釋海水鹹淡，是因爲知識有限。

## 第五十一問得道者能憶念深奧之事嗎？

**譯文**

王又問那先：「人們得道之後，難道能夠思考各種深奧的事情嗎？」那先說：「

是的。人得道之後，能思考深奧的事情。佛經最深奧，佛知曉衆多事情，無法用具體的標準來衡量，衆多事情都能運用智慧來評判它們做到恰如其分。」王說道：「說得好哇！說得好哇！」

## 原典

王復問那先：「人得道已，寧能悉思惟深奧衆事不？」那先言：「然。人得道已，能悉思惟深奧之事。佛經冣深奧，知衆事，不可稱量❶，衆事皆以智評之❷。」王言：「善哉！善哉！」

## 注釋

❶**稱量**：估量、探測。

❷**智評之**：「別本」譯作「智評斷之」。意爲衆事都以佛經作爲評判標準。

## 第五十二問神識、智慧、自然，是同是異？

### 譯文

王又問那先：「人的神識、智慧、自然，這三種事情，是同還是不同？各各相異嗎？」那先說：「人的神識這個東西啊，是產生覺悟的本體；智慧呢，是知曉大道之能力；自然呢，是虛空的，沒有人的主體意識的軀殼。」王又問那先道：「人們都談論獲得靈魂。怎麼樣才能稱之爲獲得靈魂的呢？用眼睛來觀看顏色，用耳朵來傾聽聲音，用鼻子聞香臭之氣，用口去體知味道，用身軀去感受軟硬與粗細，用心志去辨別善惡。那麼對於人而言，什麼叫做獲得靈魂呢？」

那先問王：「現在可以分析來看，用眼睛看東西，撇開瞳子，不要瞳子，視力能夠更加廣遠嗎？摧裂某人的耳朵，聽力能夠更加廣遠嗎？撕開鼻（孔）讓它變得更大，那麼它聞到的香氣是多還是不多？挖去嘴巴使它變得更大，看其分辨的味道，是不是能夠更加地多樣化些？如果我們要剝去割下某人的肌膚，看他是否還知道粗細軟硬的區別不？清除某人的意志，看其載承的心念是不是會更多？」王說道：「那就不會如此了。」

## 原典

王復問那先：「人神❶、智❷、自然，此三事，寧同不？各異？」那先言：「人神者，生覺；智者，曉道；自然者，虛空，無有人❸也。」王又問那先：「人言得人❹。何等爲得人者？今眼視色，耳聽聲，鼻聞香臭，口知味，身知軟麁❺，志知善惡之事。何所爲得人者？」

那先問王：「如今合解❻，用目視，脫瞳子，去之，視寧廣遠不？裂大其耳，聽聲寧廣遠不？決鼻令大，其聞香寧多不？𠜾❼口令大，知味寧多不？剝割肌膚，寧令信知麁軟不？拔去其意，盛念寧多不？」王言：「不也。」

## 注釋

❶**人神**：人擁用的不死之神識。

❷**智**：認識能力。

❸**虛空，無有人**：虛空，沒有精神，徒有軀殼；無有人，沒有人的知覺、感情等。

❹**得人**：找到靈魂。人，抽象的有生命的靈魂。

❺**麤**：即「粗」字。

❻**合解**：分析分開來看。

❼**刎**：麗刻本作「吻」，親自嘗一嘗。

## 第五十三問佛所作所知甚難甚妙嗎？

### 譯文

那先說：「佛所作的事情非常困難，佛所知道的東西很微妙。」王又問那先：「佛所做的事是什麼樣的難法？又是什麼樣的微妙法？」那先說：「佛能夠知道人心中的事情，一般人眼睛看不到的事，都能剖解它的微妙。能夠剖解眼睛所見之事，能夠剖解耳朵聽到的事情，能夠剖解鼻子聞的東西，能夠剖解口舌辨別的東西，能夠剖解身軀感受的東西，能夠解剖一切敗壞的事，能夠解剖疑慮之事，能夠剖解所想念的事，能夠剖解神識體悟之事。」

那先說：「人取海水含在口中，能不能分辨出口中所含之水是哪條泉源之水，是哪條溪流之水，是哪一條大河之水？」王說道：「衆多之水合而爲一，難以分別知曉區分。」那先說：「之所以說佛所作的事很困難，就是因爲他對任何事物皆能一一分別了知。人身中之眼等六識皆不可見，但佛却能了知。」那先說：「因爲佛所作甚難的緣故，因此能剖解出來。從心念以至眼見所看見的，從心念以至於耳朶所聽見的，從心念以至鼻孔所發出的鼾聲，從心念以至於口中所辨別的滋味，從心念以至於身體所感知的苦和樂、寒冷與溫暖、粗糙與堅硬，從心念以至於思考趨向，佛都知道並能析出各種感覺的特徵。」王說道：「說得好哇！說得好哇！」

## 原典

那先言：「佛所作甚難，佛所知甚妙。」王復問那先：「所作何等甚難？何等甚妙？」那先言：「佛能知人腹中，目所不見事，悉能解❶之。能解目事，能解耳事，能解鼻事，能解口事，能解身事，能解販事，能解所念事，能解神事。」

那先言：「人取海水含之，寧能別知❷口中水是某泉水，是某流水，是某河水不？」王言：「衆水皆合爲一，難各別知。」那先言：「佛所作爲甚難，皆能別知。今人神不見人身中有六事不可見。」那先言：「是故，佛解之。從心念至目所見，從心念至耳所聽，從心念至鼻所齅❸，從心念至口知味，從心念至身知苦樂、寒溫、麁堅，從心念有所向，佛悉知分別解之。」王言：「善哉！善哉！」

## 注釋

❶解：理解、剖分。

❷別知：區分出來。

❸齅：嗅之異體字。

## 譯文

那先說：「夜已經很深了，我要回去了。」王立即敕令旁邊大臣：「拿出四匹折疊布匹，浸置在麻油之中，拿住作爲火炬，去送那先回去。恭敬奉事那先，就像奉事在我的身旁。」旁臣都齊聲說：「受教了。」王說道：「能夠得到像那先這樣的人作老師，成爲他的弟子，像我這樣的人得道就快了。」王各種所問，那先立即就每件事給予了回答，王十分地歡喜。王立刻拿出宮中貯藏的精品衣服，價值十萬以上給予那先。王對那先說道：「從今以後，但願那先每天與八百沙門，共同在宮中就餐，及至其他所需之物，都可以從王宮中拿取。」

那先說：「我是修道之人，沒有一點額外的欲望。」王勸說那先道：「您應當愛護自己的名聲，也應當保護我的身名。」那先說：「什麼叫做應當自我保護，也保護王之身名呢？」王回答道：「恐怕他人議論，稱呼王是慳悋之人，那先替王解答了各種狐疑而不能夠獲得賜予。或者又恐怕其他人說：『那先不能解釋王的疑問，所以得不到賞賜。』」王說：「那先接受了這些，使我得到其接受行爲中的福報；那先也應當保護自己的名聲。」王說道：「我現在就像獅子在金籠子之中，就好像被拘禁一般，經常有想逃出去的想法。現在我即使是處在國家的宮廷之中，但我的情懷並不快樂，想要拋棄國家而去，去學道。」王說完了，那先便歸佛寺去了。

那先這樣一走，王私下思念道：我問了那先什麼些事呢？那先爲我解答什麼？王自己想道：我所問的問題，那先沒有一個不能理解的，並且都給予了解答。那先回到佛寺之中，也自己想道：王問了我什麼些事情呢？我又是如何回答王的呢？那先自己想道：王所有的提問，我也都予以解答了。思念這些事情一直到天亮。

第二天，那先身披袈裟，手持鉢盂，直接走入宮殿，到正殿裏坐下。王走上前來向那先施禮完畢，便退回到自己座中。王告訴那先：「那先您昨晚一離去，我便自己想道：我問了那先什麼話？那先又回答了我什麼些話？我又自己想道：我所有向那先提問的，那先沒有一個不替我解答了的。想著這些話，心中歡喜睡覺安穩，一直到天亮。」那先說：「我走回佛寺的寮舍之中，也自己思念道：王向我問了些什麼事情？我又替王解答了什麼事情？我又自己想道：王所有的提問，我則立刻替他解答了。因爲思念這些的緣故，一直歡喜直到天亮。」說完了這些話，那先便要走了，王便站了起來，向那先施禮告別。

## 原典

那先言：「夜已半，我欲去。」王即勅傍臣：「取四端疊布，搵❶置油麻中，持以爲炬❷，當送那先歸。恭事❸那先，如事我身。」傍臣皆言：「受教。」王言：「得師如那先，作弟子，如我，可得道疾。」王諸所問，那先輒❹事事答之，王大歡喜。王即出中藏好衣，直十万以上那先。王語那先：「從今以去，願那先日與八百沙門，共於宮中飲食❺，及所欲，皆從王取之。」

那先報王：「我爲道人，略無❻所欲。」王言：「那先當自護❼，亦當護我身。」那先言：「何等當自護，護王身？」王報言：「恐人論議，呼王爲慳，那先爲解諸狐疑而不能賜與。或恐人言：『那先不能解王疑，故王不賞賜。』」王言：「那先受者，令我得其福；那先亦當護其名。」王言：「譬若師子在金檻中，由❽爲拘閇，常有欲望去心。今我雖爲國宮省中❾，其意不樂，欲棄國去而行學道。」王語竟，那先便歸佛寺。

那先適去，王竊❿自念：我問那先爲何等事，那先爲我解何等事？王自念：我所問，那先莫不解我意者。那先歸佛寺，亦自念：王問我何等事？我亦報王何等事？那先自念：王所問者，我亦悉解之。念此事至天明。

明日，那先被⓫袈裟，持鉢，直入宮，上殿坐。王前為那先作禮已，乃却坐。王白那先：「那先這⓬去，我自念：問那先何等語？那先報我何等語？我又自念：所問那先，那先莫⓭不解我意者。念是語，歡喜安臥，至明。」那先言：「我行歸舍，亦自念：王為問我何等事？我亦為王解何等事？我復自念：王所問，我輒為解之。用是故，歡喜至明。」語竟，那先欲去，王便起，為那先作禮。

**注釋**

❶**搵**：揩也。

❷**炬**：火把。

❸**恭事**：恭敬地侍奉。

❹**輒**：立刻。

❺飲食，麗刻本作「飯食」。意同。

❻**略無**：一點也沒有。
❼**護**：維護、保護。
❽由，「別本」寫作「猶」。
❾**爲國宮省中**：「別本」譯作「國王在宮省中。」語意順暢。宮省中，即宮廷中。
❿**竊**：即「竊」字，私下裏。
⓫**被**：通「披」。
⓬**這**：麗刻本作「適」。剛才之意。
⓭**莫**：沒有哪一個。

# 源流

古人、今人對《那先比丘經》的研究成果來看，該經基本上算是一部「孤經」，我們很難直接從具體的經典承繼關係角度，找到該經的源流與脈絡。但是，仔細地分析該經的具體內容、說經方式，還是能夠找出該經的歷史脈絡的。從該經產生的時間、地點來判斷：它一定在較大的程度上受部派佛教「說一切有部」的影響，而這種影響從現存的經文是可以找出來的；從其解說的主要內容看，該經基本上是在解釋原始佛教的「四聖諦」和「十二因緣」思想，但也有某些變化；從其與其他部派的關係看，經文中含有大衆部和上座部的某些思想；從其說經的方式看，主要繼承了原始佛教的譬喻說經方式，並進一步地擴大了譬喻範圍，加強了譬喻的形象性，對後來的譬喻師們有相當影響。因此，我們認爲，從以上四個大的方面出發，探討《那先比丘經》的源流脈絡，是可以大致給出該經的歷史定位的。

## 與說一切有部的關係

原始佛教在佛滅後的幾百年裏，出現了幾次較大的分化。大約從阿育王到孔雀王朝覆滅爲止（約公元前二五〇——前一八五年），說一切有部在西北印度一帶形成並立於統治地位。《那先比丘經》中的人物那先與彌蘭陀王的活動時間大約在公元前一五〇——前一三〇年，其活動範圍亦在西北印度一帶。那先出生罽賓（即今克什米爾）的一個婆羅門家庭，先後師從過兩位佛教大師，然後自闢天地，自立門庭的。

說一切有部的思想特點是承認一切法皆有自性，是一種實在的存有，過去、現在、未來三世皆實有。而且，說一切有部特別善於講說萬法之因。到公元一世紀後，「說因」的思想系統化，構成了著名的「六因說」。與其他各部說因的特點不同，一切有部把「因」看作是實在的，並且對「因」進行分析。這些思想在《那先比丘經》中都有所反映。如在該經的下卷，那先向彌蘭王講了十六種引起人思考的「因」，而且逐一解釋這些「因」的意思，顯得十分繁瑣。但正好體現了有部學說的特點。

不過《那先比丘經》說因，有自己的側重點。它主要突出了作善因和萬法各自有因的一面。那先一再以「戰喻」，強調人生種「善因」在前的重要性，反對臨時抱佛脚的急功近利行爲。這一思想實際上對輪迴思想的消極面有所衝擊，突出了人生積極改變自己命運的可能性。在分析萬法各自有因的時候，提出了「獨相祿」的觀點，把具體的「因」與具體的「果」緊密地結合起來，突出了事物因果之間的必然聯繫的一面。如虎狗等動物平時吃下骨頭後可以消化，但母虎、母狗懷子並不被消化掉；地獄中有罪之人之所以萬劫不死，是因爲他們的前世罪孽(因)沒有消盡的緣故。另外，在分析同一果的不同因時，《那先比丘經》也作了生動的解釋。如同爲「哭」這一痛苦現象，哭死去的父母親人是因爲「愛」，聽人誦佛經而哭是因爲慈悲，知覺人生是苦。這種對「因」的詳細生動的分析，無疑深化有部舊的學說，而且爲後來有部對「因」的深入細緻分析提供了思惟的成果。

另外，有部學說對萬法的分析比較細緻，它把一切法分爲五類，如色法、心法、心所法等。色法主要包括對各種物質現象的研究；心法則主要對各種感覺、知覺的分析；心所法主要對思惟與對象關係的分析及心理現象的研究分析。那先之所以能對彌蘭陀王種種帶實證性的提問作出答覆，顯然是得力於「有部」對萬法分析細緻的長處。說經過程中應對巧妙的譬喩便充分地展示了「有部」學說的優勢，而且也豐富了有部的說經方法。

## 與原始佛教的關係

從《那先比丘經》的內容看，該經主要解釋了一些不爲當時人所了解的佛教概念及其理論問題。

就概念的解釋來看，主要是解釋了智慧、一心、精進、誠信、孝順、四念處、四斷意、四神足、四禪、五根、五力、七覺意、八正道等概念。

就理論問題而言，主要解釋了輪迴的道理，靈魂的有無問題，出家的目的及佛教僧徒在人世間的價値等問題。因此，《那先比丘經》被人看作是佛教入門類的著作，還是有道理。隨著佛教教義的深化，該經在歷史中作用自然也在減小，所以很難在後來的佛教經典中看到其影響。

## 與其他部派的關係

儘管《那先比丘經》主要受有部學說的影響，但與大衆部和上座部的某些思想似乎也有關聯。如：大衆部承認佛有三十二相，八十種隨形好，具有無所不知的神性特徵。在《那先比丘經》中，當彌蘭陀王問佛是否有這些神性這一問題時，那先的回答是肯定的。大衆部認爲佛是人間至尊的象徵，否認阿羅漢爲最高境界。而上座部則認爲阿羅漢爲最高境界。在《那先比丘經》中，對此問題卻表現出矛盾傾向，一方面認爲阿羅漢是最高境界，另一方面又尊佛爲人間至尊。因而在人生境界論的問題上，是處在上座部與大衆部之間的。

另外，《那先比丘經》的敍事部分思想與經中那先闡述的思想，似乎有一種矛盾。在敍事部分，主要傾向於肯定那先自度度人的行爲。如經文上卷以肯定的筆調肯定了那先證得阿羅漢道後，入郡縣，轉街巷，布教化，度得一批人等。可在敍述那先與彌蘭陀王對話時，又主要肯定人們的自度行爲。當然，在談及佛教徒在世俗社會中作用時，那先也肯定了他們的楷模作用，引導作用，但還只是從客觀效果方面來談度世的，沒有正面申述向社會挑戰，拯救社會的意思。而且經文在一開始敍述佛陀的行爲時，好像也在突出佛的隱世行爲。因此，從救世與自救的目的來看，《那先比丘經》是介乎小乘佛教與大乘佛教之間，可以從該經中窺視出大乘救世思想的某些萌芽。這樣，過渡性的特徵又使《那先比丘經》在佛教思想史上具有特殊的價值意義。

## 譬喻說經的方式及其源流

譬喻說經是原始佛教說經的方式之一，是佛陀昔時在針對層次不同聽衆宣講佛法的方便法門。據有人研究，佛陀當時譬喻的內容多爲農事、牧業方面的❶。《那先比丘經》在說理時也多用譬喻，但範圍寬廣得多，有燈火喻、林牧喻、航船喻、鳥喻、人生經歷喻、戰喻、建築喻、天文喻等，充分地展示了當時人們對自然的認識程度。特別是戰喻，更具有當時西北印度的特點。彌蘭陀王善戰，那先以戰喻，再恰當不過了。這一點倒頗像中國先秦諸子中的孟子善以戰喻說齊王一樣，那先善以戰喻說彌蘭陀王，各有千秋。

按照呂澂先生的研究成果來看，《那先比丘經》的譬喻說法方式，深化了有部舊阿毗達磨師的說理內容，使粗糙不精的有部舊說變得日趨深刻細密了。❷如以燈火借燈蕊相傳之事來闡述輪迴過程的前生與後世的關係，前一根燈蕊燃盡，後一根續之，這時燈火既非先前燈火，又不能說與先前燈火無關；人的前生神識與後世名色身軀之神識的關係，如此相同。這一「薪盡火傳」之喻，在中國南北朝時期的形神論之爭中，被佛教徒廣泛運用（當然中國的《莊子》亦有此喻），可見此喻的魅力。在論證業力不失的問題時，以盜果與種果的關係來說明這一道理。盜果之人不能說偷盜的不是種果之人的果實，即使在栽種之時，樹木本無果實，但之所以有果實，是因爲有此樹——即有「本」；人生亦如是，雖然前身並不隨神識轉生，但其所作的業力仍然存在，故在後世之身中仍然繼續發揮效用。諸如此類生動貼切之喻，《那先比丘經》中還有很多。呂澂先生說，那先可以看作是後來譬喻師的先驅。實際上，《那先比丘經》可以看作是後譬喻類作品的典範作品，而且有些地方，在譬喻的貼切程度上勝過後來的某些譬喻。將《百喻經》與《那先比丘經》作一比較，便可看出這一差異。

## 注釋：

❶《佛教與中印文化交流》，季羨林，江西人民出版社，一九九〇年十二月第一版，第六十三頁。

❷《印度佛學源流略講》，呂澂，上海人民出版社，一九七九年十月第一版，第五十二頁。

# 解說

作爲一部宣教作品《那先比丘經》，其主要目的是要人們信仰佛的說教，超度塵世的苦海。但是，由於宣教的對象是一個希臘國王，而且是以質疑解答的方式來宣講佛之教義的，因而又帶有問答對話的隨意性特徵。從經典的全文來看，主要涉及九個大的方面內容：第一是自度思想，涉及到小乘佛教的宗教目的問題；第二是因緣和合的思想，涉及「我法」的本質與整體和部分的關係的思想；第三是輪迴問題；第四是靈魂問題；第五是宿命論思想；第六是六覺相配與感覺，思惟的來源問題，即原始佛教的境、行、果問題的延伸；第七是知識論的問題；第八是佛身觀的問題；第九是超越世界與現實世界的差別問題。

除了這九個大的方面問題之外，《那先比丘經》還涉及到一些人生哲學問題，個人的成長經歷中如何面對挫折？社會生活的智慧，如何用眞理戰勝強權等等問題，從而使這部佛教經典具有極強的現代意義。下面，我們將簡要敍述《那先比丘經》的精義。

# 那先比丘經的精義

## 自度思想

作爲小乘佛教經典《那先比丘經》，其宗教的目的主要是自度思想，這種思想與大乘的超度衆生思想是有極大差別的。該經在開始敍述那先身世時，便以浪漫的文學手法道出了這一目的，那先在前世學婆羅門道時就發誓：來生爲了避免各種苦惱，而且也爲了避免來生墮入地獄、餓鬼、畜生、貧窮中，所以願意作沙門。在經文的對話部分，也十分明白地闡述了這一自度思想。當彌蘭陀王問那先爲何出家時，那先便說道，是要擺脫世間懃苦，不希望再經歷來生的懃苦。並且把擺脫世間之苦看作是沙門輩的最大的善德。

在論證如何達到自度目標的問題時，《那先比丘經》提出了一些具體的方法，如要「一心」，或曰要有誠信之心，要獲得智慧等（參見如何避免輪迴的一段），這些思想對於當今社會的人們是有啓示意義的。

## 因緣和合思想

與原始佛教的因緣思想稍有不同的是，《那先比丘經》中的因緣和合思想偏重於知識論的分析與綜合的一面，把原始佛教的因緣論思想由對世界的價值判斷，即世界是苦，轉向了對世界的知性判斷，世間萬法是由各部分的和諧相關構成的。如當彌蘭陀王問誰是那先一段，那先沒有直接回答，以什麽是車反問王，最後才給出了答案。所謂那先，是合聚人體各個部分及其功能，人的社會性等，才是眞實的那先這個人；而所謂「車」，也是合聚各種零件及其功能才是車。這一「因緣和合」思想，與原始佛教的「十二因緣」思想最終導致對人生是苦的「原始因緣論」是稍有不同的，倒是與後來龍樹大乘的「緣起性空」的思想頗爲接近，都帶有一種價值中立的色彩。不同之處在於《那先比丘經》所堅持的是「緣起法有」的思想立場罷了。

實際上，《那先比丘經》中這一「因緣和合」思想，是受彌蘭陀王提問方式的影響的。後來大乘的「緣起論」思想，都帶有認知的傾向，再轉向實踐傾向。可以說，《那先比丘經》在將原始佛教的「緣起」思想導向後來的大乘空有二宗的「緣起」思想方面，起到了具有歷史轉折點的作用。

不過，在《那先比丘經》中，原始佛教的「緣起」思想還是占主要地位的。在論述人生爲何是苦時，那先於基本上仍是按原始佛教的十二因緣思想來推論的，並且最終把「愚昧」即「無明」看作是一切苦之本。所不同的是，《那先比丘經》並沒有完全按照「十二因緣」的順序——無明、行、識、名色、六入、觸、受、愛、取、有、生、老死去進行論述的，而是隨問而說法的。

## 輪迴問題

在《那先比丘經》中，輪迴問題討論得比較詳細。它大致包涵這三個大的方面問題：第一，什麼樣的人輪迴，什麼樣的人不輪迴？導致輪迴的原因何在？第二，輪迴過程中的神與形，業力與名色之身的關係問題；第三，如何避免輪迴？

在那先看來，所有擁有塵世恩愛貪欲的人都要墮入輪迴，再生爲人，爲人世間懃苦所折磨；沒有恩愛貪欲的人便可超脫輪迴之苦。塵世的「六情恩愛」便是輪迴之根本因。

在輪迴過程中，舊有的名色之身不會新生，而是這一「名色之身」種下的善惡之業力，借助新的「名色之身」再生，猶如火借薪傳一樣。這一「業力」輪迴的思想雖然很難說是有靈論，但其潛在前提則是隱含靈魂（或曰神識）不死的前提，否則輪迴便無法展轉。因此，輪迴觀必然涉及到「神形觀」。

在《那先比丘經》，神形關係不是截然分離的，帶有一定的辯證色彩。神識如火，身軀如燈蕊，火借燈蕊燈油不斷燃燒下去，人的神識也借人的身軀展轉相續。這種展轉相續的神識，既不是舊有的神識，但也不是與舊有的神識完全分開。這樣，佛教的「神形觀」與希臘和希伯萊文明中的神靈論便有了區別。我個人認爲，這種「神形觀」實際上承認了人生的可變性，在「業力」輪迴的過程中，通過「今世」的種善因，可以慢慢地改變前世的宿惡，最後達到解脫。

不過，在《那先比丘經》的漢譯本中，「神」與意念又似乎是同義詞，與輪迴主體之「神識」又稍有不同，這是必須注意的。

就如何避免輪迴的問題，那先提出了「一心」念正法、念善，運用智慧及其他有效的輔助方法。並且把「一心」看作超度世間之苦的根本方法，是諸善中的第一善。

人能一心，諸善皆隨；人能一心，可得超度之道。因此，各位修學佛道之人，都應當歸於一心。

人之所以要「一心」，是因為只有「一心」才能產生智慧，才能認識人生的無常，才能體悟無常之苦。人生之苦的根源是「無明」，即是愚昧，它使人不能體悟人生之本質，因而要用智慧之光照亮人心的黑暗。智慧是人生的第一法寶；而這第一法寶是在「一心」之後獲得的。

除了「一心」和智慧的法寶外，還有誠信、孝順、精進、念善等。但這些都是輔助手段，根本的方法是「一心制意」，從而體現了佛教人生哲學的特點，它不祈求外在的上帝，而是通過對自我意識的控制，消除個人與社會的矛盾。這一非神論宗教在今日的社會中，將會得到更加充分的發展。

## 靈魂論

《那先比丘經》是否定人的身體內有一個完整的、精細的、能夠全知的抽象的「人」，即靈魂在其中的。當彌蘭陀王問那先「世間的人有沒有靈魂」這一問題時，那先回答說「沒有」。因爲我們並不能把人身中的某一器官及其功能稱之爲「靈魂」的。人身體中的「命」也不是靈魂。因爲「命」並不能拋開具體的眼耳鼻舌身等感覺器官，而知覺色聲嗅味硬軟冷熱等外界世界存在的性狀。人的知覺是通過「六覺」展轉相成的，並沒有一個超越「六覺」之外的「靈魂」在主宰著。一心制意，即是要端正、專一人的思惟，使之不被「六覺」感知的「六塵」所迷惑。希臘文明中具有「實體」特徵的「靈魂觀」，在《那先比丘經》中是找不到的。隨形而生的「神」（或曰神識）並不是一個具有全知全能特性的「靈魂」，而毋寧說是「業力」的載體（或曰是業力的化身），是人作用於世界的「痕迹」抽象化的結果。

## 宿命論的觀點

輪迴的思想必然導致宿命論的觀點，這種宿命論思想主要強調人生各種現象的因果關係，否定人生的偶然性和虛無性。人生在世，之所以有窮通富貴壽夭高矮美醜之別，就在於每個人各有所「本」。這種「本」便是前世宿命，也即是前世所作的善惡「業力」。人的結局，是隨著自己的善惡「業力」而定的，來生的命運便受今世的善惡之行影響，所以，人生要有備。備什麼？備善之因，從而爲來生服務。即使今生今世在遭受苦難，也不要怨天尤人，而應該從自己的前世找出原因，竭力在今世作善事，消除前世孽障，從而改變自己的命運。這便是《那先比丘經》中宿命論思想的大致意思。

很顯然，這一宿命論思想是充分體現了「說一切有部」學說的特徵，把「因」看作是實在的，而且突出強調了「同類因」的思想，即過去的善惡之因對現在或未來的影響，現在的善惡之因對未來的影響。如果人生眞的如佛教所說，那麼，這種「宿命論」與其說是消極的決定論，不如說是積極的改造論。不過，我們若把輪迴的主體——小我的神識轉換人類的慧命相續，則佛教的輪迴觀和宿命論思想，就具有一定的現代意義，並能對當代社會的人類行爲起到一定的規範作用。

## 六覺相配與感覺、思惟的來源問題

由於神識的輪迴而產生新的身軀生命，這一有形軀的生命便有眼、耳、鼻、舌、身、心六種感覺、知覺器官，從而形成相應的六識。人們正因爲六識的作用而生恩愛苦樂。在別本《那先比丘經》中卷，那先向彌蘭陀王詳細地講解了六覺使人內喜、外喜、內愁、外愁以及不喜不愁的種種表現情狀，這似乎是原始佛教中沒有的內容，大概是受了希臘分析精神的影響而出現的新變化。

値得重視的是，《那先比丘經》在闡述人的感覺與知覺的關係問題時，否定了希臘文明中「靈魂論」思想。它認爲人的意念（或曰神識）是合諸眼耳鼻舌身心的感覺而產生的理性知覺，是從生命本身而產生的，是展轉相成而無恒定的主宰者，是人在生命過程中稍稍習學而便能相互協調的，無須每種感覺都必須與神識打招呼然後才能配合。因此，在六覺相配的問題上，早期佛教的認識與解釋是優於希臘文明的「靈魂論」的。

就什麼樣的東西能引起人的思考，《那先比丘經》作了比較繁瑣的闡述，認爲有十六種事能引起人的思考。這種思想既有反映論的成分，又有心理學的成分，如人因爲有所經歷而思考便是反映論的，人因爲追憶或因爲哲學思惟活動而思考便是心理學的。總而言之，引起人們動念——即思考的原因來之於兩方面，一是外在客觀事物刺激，一是內在的心理活動。這一關於思惟活動的誘因分析思想，顯然也是原始佛教未加詳細論述的，是佛教在西北印度傳播過程中受希臘分析思想影響的具體體現。

## 知識論問題

與其他早期佛教經典稍有不同，《那先比丘經》還涉及到了佛教的知識論問題。這一知識論問題主要集中何以知的方法論上，同時也涉及了一些有關自然知識的問題。

就何以知的方法而言，《那先比丘經》主要突出的是類推方法和間接證引法。當彌蘭陀王問那先，人們是怎麼知道涅槃後的快樂的，在一個人還沒有涅槃之前？那先回答道：「是通涅槃了的人展轉相告而知的。」當彌蘭陀王問那先：「既然那先及那先之師均未見過佛，何以斷定佛是存在過？是眞的有佛？」那先回答說：「存在過的東西並非要認識的主體親眼所見，它的眞實性是通過歷史文獻的流轉而讓後人知曉的。個人的經驗是相當有限的。人們雖然沒有斬截手足，但知道斬截的疼痛，爲什麼呢？就是從其痛苦之狀類推而得知的。儘管這種類推有時冒著犯錯誤的危險，但這一間接知識畢竟是人類獲取知識的有效方法之一。《那先比丘經》中知識論思想，在一定程度上反映了印度文明的智慧，並且在某一個側面構成了與希臘文明重實證思想的區別。

在涉及自然知識的問題上，《那先比丘經》解釋了海水何以爲鹹的問題，以及地在水上，水在風上的自然現象，這一方面暴露了印度文明的弱點。不過，那先的解釋在當時的時代條件下仍屬於智慧的，因爲在實證科學還不發達的時候，人們無法對自然現象作出更加令人信服的解釋。

## 佛身觀的問題

在《那先比丘經》中，佛身觀問題主要有四個方面的涵義，即佛的眞實性問題；佛的種種示現從何而來的問題；佛是否爲最尊，是否有無邊的法力？佛是如何救贖世人的？

佛是否是眞實的？那先對此作了肯定的回答，認爲佛是眞實存在過的，只是因爲他涅槃而去，不知所在了。

佛的種種示現從何而來的呢？那先的回答是，從生活中修證出來的，而並不是來自父母的直接遺傳。佛有三十二相、八十種隨形好，正如蓮花生於汚泥濁水而不像汚泥濁水一樣，佛的種種形相無須像其父母。他雖生於濁惡的世間，長於濁惡的世間，卻可以超越濁惡之上，昇華爲世間所無的獨特聖人，爲衆人所崇拜、所摹仿。這實際上隱喻了佛教作爲一種宗教，是人間苦難的昇華這一道理。

在《那先比丘經》中，佛已被奉爲人間至尊，具有無邊的法力，而且是全知全能的。這大約是宗教發展的一種需要。在經文的開始，佛就被敍述成人間的至尊。在問答過程中，那先一再通過譬喻方式說明佛是人間至尊，乃至爲人天中至尊。他的一切獨特之處，皆是無師自通的。他有無邊的法力，能知一切事的來源，未來去向，甚至人中所想，他能辨別各種合爲一體事物中的原初構成成分，如海水，他就能辨別出是來之於何泉何河。而且也知道萬事萬物的開始及其結局，並能給出相應的方法。

佛救濟世人的方法是：因人因病發藥，而不是一下子全部拯救所有的人。他是通過經、戒來慢慢地教導衆人。因此，在方法論上，是可以歸入「靈活論者」的範圍，體現佛教人生哲學隨機指點的實踐性的特徵。

## 超越世界與現實世界的差別問題

由於《那先比丘經》涉及到兩大文明系統的思惟方式的對話，因而在一些問題的看法上極易發生分歧。如關於地獄世界的物質和人的存在形式問題，彌蘭陀王對地獄世界中火燒大石，頃刻消盡，和人在地獄中，萬劫不死的現象感到迷惑。而那先則認爲這是因兩個世界有不同的參照系統。地獄中的人不死，是因爲其罪惡沒有消盡，所以千萬劫不死。大石之所以在地獄之中頃刻燒盡，正如有些動物如雌鼈、雌蟹吃下沙石可以消化一樣，它們有自己特殊的消化系統。這裏又體現了佛教的「靈活論」思惟特點，把現實世界與宗教的超越世界分開，從而化解了希臘文明邏輯思惟追求普遍性、一致性的凌厲攻勢。

在關於超越世界與現實世界的時速相對性問題上，《那先比丘經》實際上天才地提出了「光速時間參照系」下兩物運動的時差性問題，從而再次化解了彌蘭陀王的實證性的提問。如那先解釋得阿羅漢道之人飛上第七梵天與一個人死後到罽賓，是同時到達的，正如兩隻鳥從高矮不同的樹上起飛，其投影同時到地一樣。因爲在光速的參照系裏，樹的高矮之差是可以忽略不計的。得道之人的行爲屬超越世界的行動，不能以現實世界的實證方式去理解，但可以通過現實世界中思惟速度去類比。

可以這樣說，那先之所以能對彌蘭陀王之問應對不窮，在很大程度上是憑借這種「二分世界」的思惟模式，同時又巧妙地利用現實生活的經驗現象加以譬喻。佛教在傳播過程中逐漸由對世界的價值判斷，開始重視建立起自己的宗教理論，重視對超越世界——彼岸世界特點的強調，重視通過認知方式去弘揚其價值論內容。

《那先比丘經》除了這九個大的方面內容之外，對原始佛教的無常思想、無我思想、涅槃思想作了進一步的闡釋。把萬物及人皆當過去的「無常」歸之於「空」，這顯然與後來大乘的「空觀」有關。對「無我」思想作了更深入細緻的闡釋，反反復復地論證涅槃後的快樂，論證人再次爲人的痛苦，從而破除「我執」。特別是「我亦不求死，我亦不求生」，但須時可，時至便去的「隨順自然」的「無執」態度，十分類似後來中國禪宗「自然生命觀」。經文中肯定涅槃之後不復再有苦惱的思想，也成爲後來佛教涅槃思想主要觀點之一。另外，在該經中還隱約涉及到戒與論的矛盾。

## 那先比丘經的現代意義

《那先比丘經》是一部文學色彩很強的作品，其文字中包涵的內容十分廣泛，雖然它距今有兩千多年，但仍有一定的現代意義。這可以從其經文的故事情節和經文中論及的一些義理兩個大的方面來分述。

### 故事情節中涵蘊的人生哲理

重視生命的承諾和百折不回地去實現人生志向，是《那先比丘經》故事情節向我們展示的人生哲理。

在經文的上卷前半部，作者以浪漫的文學手法介紹了那先的身世。在他第一次投生在婆羅門之家後，便發誓來生要追求一種超度人世間諸苦的最高法則。後來的那先眞的踐履了自己的生命承諾，出家作沙門，不僅求得個人的解脫，而且還要引導衆人解脫，像清水珠澄清濁水一樣，澄清世人濁惡的人心。

從生命科學的角度看，人不可能有前世。但若把文學、宗教的浪漫看作是一種隱喻，則重視生命的承諾，確立人生的意義正是現代人生哲學所苦苦追求的目標，也是人類從古至今一直在追求的目標。人生意義固然是社會賦予的，但每個個人如何從諸多意義中選擇一種，作爲自己人生的方向，則是個人的事情。現代社會由於普遍地瀰漫著西方的個體主義思想，反社會意義傾向，虛無主義心態已嚴重地使人喪失了生活的信心和意義感。我覺得，重新喚起人們對生命的使命感，重視人對社會意義的選擇而不是否定，則是一件十分重要的思想性工作。

現代社會的快節奏感，已使越來越多的人失去了耐性，成功的渴望使現代人心理特別焦慮與不安，承受不了挫折以及因此而產生的僥倖心理，機遇心理，使得現代人顯得特別浮躁與煩惱。醫治現代人心理疾病的良方之一便是一心制意，培養耐心，敢於另闢蹊徑，追求人生的成功。在經文的上卷前部分，比較生動地敍述了那先成功之前艱難探索過程。當他從舅父處的學習告一段落，之後，來到和戰寺時，自以爲得了阿羅漢道就意味著成功，不意大羅漢頞陂曰把他比作白米中的黑米，應該剔去，使他大爲憂傷。當他犯戒說經後，又被逐出了和戰寺，這無疑使他遭受了更大的打擊。可他還是挺住了，自己一個人走進深山，晝夜精進，念道不懈，終於證得阿羅漢道。此時的那先再次回到和戰寺，請求諸比丘僧們原諒他以前過失。諸比丘僧們雖然默認了，但那先並未因此而住入和戰寺。他不僅要度己，也還要度人，於是轉入郡縣街巷之中，說經勸善。受其教益者之中，有得第一層次的證果——須陀洹道，第二層次的證果——斯陀含道，第三層次的證果——阿那含道，第四層次的證果——阿羅漢道等人，聲名響徹四天，最終成爲與天王對話，並向他們說經的一代宗師。

也許，人生不可能都有輝煌的成就。但只要有作爲，就得耐住性子，經受磨難，並且不蹈前人已成之迹，敢闢新路，在廣闊的社會生活中爲他人作出有益之事，立己立人，成己成人，達己達人，方可實現人生價值，成爲受人尊敬之人。

以上這些人生啓示，大約是《那先比丘經》所特有的。

## 經文義理中所涵蘊的現代意義

在《那先比丘經》中的諸要義中，「業力輪迴思想」，宗教徒的人格價值，「一心」制意，排除煩惱的心理學方法，無疑具有現代意義。

如果我們把《那先比丘經》中的輪迴主體由個人換成人類的「大我」，則其中所闡述的「業力輪迴思想」對現代人是頗具深刻的啓示意義的。人類生活的連續性使我們每代人無法割斷與歷史的關係，也使我們對未來具有不可推卸的歷史責任。前代人種下的善惡業力，我們這代人都承擔著。工業化的歷史進程的確給我們帶來了繁榮的物質生活和豐富的精神產品，但是，巨大的生態平衡破壞，環境污染以及核戰爭危險，人口壓力等，也使我們這代人承受著巨大的傷害。作爲具有智慧的人類來說，我們沒有任何理由再讓這種惡因繼續地播種下去，應該自覺地在現實生活消除各種孽障，使未來社會中的人們生活得更加幸福。這是從人類的角度看。

從一個國家、民族、企業甚至是個人的角度來看，努力注意種植「善因」，不要在出了問題時「臨時抱佛脚」，這也是十分重要的策略問題。一個國家、民族在日常國際事務中不願善結邦鄰，不注重國際間友好合作，不從事國際性人道救援活動，則一旦該國家、該民族有難之時，將會陷入極其被動狀態之中。

現代社會中的大企業更應注重廣種善因的活動，它在取得了經濟上的巨大成功後，應該在科技、文化、教育、宗教等各項社會福利事業活動中廣種善因，從而爲進一步的，持續性的發展奠定廣泛的社會基礎。

從個人的角度而言，廣種善因並不一定要爲來生服務，實際上對此生便有福利。一個人在單位內，在社區內樂於助人，廣結良緣，這樣的人一定會在困難的時候得到衆人的支助。

多種善因，喜結良緣，有備無患，大約是《那先比丘經》反反復復闡述的「業力輪迴思想」給予現代人的深刻啓示吧！

就宗教徒的人格價值問題，《那先比丘經》也作了具有啓示力的闡述。那先把佛弟子得度死生之道心看作是使濁水變清的「清水珠」，他們可以使人退却諸惡、誠信向善、心靈澄明。而且，高尚的佛弟子猶如世俗的領頭雁、人生嚮導，使人從塵世的煩惱中解脱出來。現代社會「神聖」的匱缺，崇高人格的貶值，已經使表面的多元化社會陷入了深深的意義危機之中，人生哲學的知識論與人生價值實踐的分離，使社會中的僞君子越來越多。如何像一些眞正的佛教徒那樣，以自身的崇高人格力量感化世人，成爲世俗大衆的楷模，則是當今社會道德建設的重要任務。因此，《那先比丘經》中對佛教徒的人格價值的重視，對當代社會的道德建設無疑具有啓示作用。

就如何排除煩惱的方法而言，《那先比丘經》提出的「一心制意」方法，也是具有現代意義。作爲具有意識的人類來說，解決人生的矛盾不僅要從改造客觀世界的一方入手，也要從改造主觀的內在意識入手。就生活中的個人而言，要消除自己心理矛盾，恐怕更主要的是從改變自己的主觀意識出發。因爲外在於個人的社會是一個個人無法操縱的龐大對象，讓它適合個人的需要是一件無比困難的事情。面對社會的不平等，面對外在世界諸多的誘惑，個人要想取得某一方面的成功，就必須收斂心意，使之專注於某一對象（或曰某一目標），排除各種干擾，從而取得人生的精進。我們沒有任何能力控制世界，讓它不去干擾你，但我們卻十分有能力地去控制我自己的心意，使之不馳騁於外物，不被外物奴役，不與外在世界相刃相靡。認識到這一點，便可以說具有了人生的智慧，然後再用這一智慧去護持「一心」，最後在專一的人生目標實踐過程中，達到擺脫世俗中紛紜複雜的諸種煩惱的干擾，把自己從無謂的煩惱中解脫出來。

在我看來，佛教的涅槃境界，彼岸世界並不是一個神話虛無的理想王國，而是每個生活中的個人在生命展開的過程中所選定的意義世界。一個人眞正地專注於自己的意義世界，就是進入了自己人生的涅槃境界。這一境界便是九死無悔的極樂世界。這也是我與佛教結緣以來的點滴體悟。這種對意義世界的專注不同於對塵世任何表相的執著，而是在體認人間即煩惱，離有無而悟「中道」之「空」以後的無執無礙。這一「無執無礙」用語言的假名來表述，亦是一「意義世界」，此世界便是我等所要證悟的彼岸世界、涅槃境界。

# 參考書目

1《飲冰室合集》專集第十四冊　梁啓超著　上海中華書局印行
2《印度佛學源流略講》　呂澂著　上海人民出版社　一九七九年十月第一版
3《中國佛教史》(一)　任繼愈主編　中國社會科學出版社　一九八一年九月第一版
4《印度哲學》〔印度〕德・恰托巴底亞耶著　黃寶生、郭良鋆譯　商務印書館　一九八〇年一月第一版
5《印度佛教史》〔英〕渥德爾著　王世安譯　商務印書館　一九八七年四月第一版
6《我的佛教觀》〔日〕池田大作著　潘桂明、業露華譯　四川人民出版社　一九九〇年四月第一版
7《白話佛經集成・百喻經與那先比丘經》　翁虛譯　團結出版社　一九九四年二月第一版
8〈佛教人物史話・印度古代的幾位巴利文大師〉　阿難陀著　《現代佛教學術叢刊》㊾　張曼濤主編　大乘文化出版社　民國六十七年六月版
9《印度佛教史論》（專集第二）《現代佛教學術叢刊》93　張曼濤主編　大乘文化出版社　民國六十七年六月版

10〈印度佛教概述〉《現代佛教學術叢刊》㊽　張曼濤主編　大乘文化出版社　民國六十七年六月版
11《中國大百科全書・宗教卷》　中國大百科全書出版社　一九九一年十二月第一版
12《佛教與中印文化交流》　季羨林　江西人民出版社　一九九〇年十二月第一版
13《佛教經籍選編》　任繼愈、李富華著　中國社會科學出版社　一九八五年十月第一版

## 《中國佛教經典寶藏精選白話版》郵購特惠專案

□我要訂購《經典寶藏》___套（132冊）

定價20,000元×___套＝______元（至1997年12月31日止）

零售價每本200元（不零售者除外）

**讀者基本資料：**

姓名：__________

性別：□男　□女

生日：___年___月___日

教育程度：__________

職業：__________

連絡電話：（日）__________

（夜）__________

傳眞電話：__________

通訊地址：__________

__________

寄貨地址：__________

__________

**付款條件：**

□一次付淸　□分期付款

付款方式：

□付現　□劃撥付款

□信用卡付款（請塡寫以下資料）

◎信用卡簽名（務必塡寫與信用卡簽名用字樣）

__________

◎信用卡別：□VISA CARD

□MASTER CARD

□JCB

□聯合信用卡

◎信用卡號__________

◎有效期限：___年___月止

◎身分證字號：__________

- 訂購專線：（02）7693250轉13
- 傳真專線：（02）7618038　郵購組
- 帳戶：佛光文化事業有限公司
- 郵撥帳號：18889448
- 歡迎使用傳真訂購

# 《中國佛教經典寶藏精選白話版》總目錄

| | | | |
|---|---|---|---|
| | **藝　文　類** | | |
| 1211 | 佛教新出碑志集粹 | 200元 | 87年5月 |
| 1212 | 佛教文學對中國小說的影響 | 不零售 | 87年5月 |
| | **雜　　類** | | |
| 1213 | 佛遺教三經 | 200元 | 86年11月 |
| 1214 | 大般涅槃經 | 200元 | 85年9月 |
| 1215 | 地藏經<br>盂蘭盆經<br>父母恩重難報經 | 200元 | 86年11月 |
| 1216 | 安般守意經 | 200元 | 86年11月 |
| 1217 | 那先比丘經 | 200元 | 86年11月 |
| 1218 | 大毘婆沙論 | 200元 | 87年5月 |
| 1219 | 大乘大義章 | 200元 | 85年9月 |
| 1220 | 因明入正理論 | 200元 | 87年5月 |
| 1221 | 宗鏡錄 | 200元 | 85年9月 |
| 1222 | 法苑珠林 | 200元 | 86年11月 |
| 1223 | 經律異相 | 200元 | 85年9月 |
| 1224 | 解脫道論 | 200元 | 87年5月 |
| 1225 | 雜阿毘曇心論 | 200元 | 87年5月 |
| 1226 | 弘一大師文集選要 | 200元 | 87年5月 |
| 1227 | 滄海文集選集 | 200元 | 87年5月 |
| 1228 | 勸發菩提心文講話 | 不零售 | 86年11月 |
| 1229 | 佛經概說 | 200元 | 87年5月 |
| 1230 | 佛教的女性觀 | 不零售 | 86年11月 |
| 1231 | 涅槃思想研究 | 不零售 | 87年5月 |
| 1232 | 佛學與科學論文集 | 200元 | 87年5月 |

# 《中國佛教經典寶藏精選白話版》總目錄

| | | | |
|---|---|---|---|
| 1189 | 法句經 | 200元 | 86年11月 |
| 1190 | 本生經的起源及其開展 | 不零售 | 86年11月 |
| 1191 | 人間巧喻 | 200元 | 87年5月 |
| 1192 | 大乘本生心地觀經 | 不零售 | 86年11月 |
| | **史　傳　類** | | |
| 1193 | 南海寄歸內法傳 | 200元 | 87年5月 |
| 1194 | 入唐求法巡禮記 | 200元 | 87年5月 |
| 1195 | 大唐西域記 | 200元 | 87年5月 |
| 1196 | 比丘尼傳 | 200元 | 85年9月 |
| 1197 | 弘明集 | 200元 | 87年5月 |
| 1198 | 出三藏記集 | 200元 | 85年9月 |
| 1199 | 牟子理惑論 | 200元 | 85年9月 |
| 1200 | 佛國記 | 200元 | 85年9月 |
| 1201 | 宋高僧傳 | 200元 | 87年5月 |
| 1202 | 唐高僧傳 | 200元 | 87年5月 |
| 1203 | 梁高僧傳 | 200元 | 87年5月 |
| 1204 | 異部宗輪論 | 200元 | 85年9月 |
| 1205 | 廣弘明集 | 200元 | 87年5月 |
| 1206 | 輔教編 | 200元 | 85年9月 |
| 1207 | 釋迦牟尼佛傳 | 不零售 | 86年11月 |
| | **儀　制　類** | | |
| 1208 | 中國佛教名山勝地寺志 | 200元 | 86年11月 |
| 1209 | 勅修百丈清規 | 200元 | 86年11月 |
| 1210 | 洛陽伽藍記 | 200元 | 87年5月 |

# 《中國佛教經典寶藏精選白話版》總目錄

| | | | |
|---|---|---|---|
| 1169 | 大乘起信論 | 200元 | 85年9月 |
| 1170 | 成唯識論 | 200元 | 86年11月 |
| 1171 | 唯識四論 | 200元 | 87年5月 |
| 1172 | 佛性論 | 200元 | 87年5月 |
| 1173 | 瑜伽師地論 | 200元 | 87年5月 |
| 1174 | 攝大乘論 | 200元 | 86年11月 |
| 1175 | 唯識史觀及其哲學 | 不零售 | 86年11月 |
| 1176 | 唯識三頌講記 | 200元 | 87年5月 |
| **秘　密　類** | | | |
| 1177 | 大日經 | 200元 | 86年11月 |
| 1178 | 楞嚴經 | 200元 | 85年9月 |
| 1179 | 金剛頂經 | 200元 | 86年11月 |
| 1180 | 大佛頂首楞嚴經 | 不零售 | 86年11月 |
| **小　乘　類** | | | |
| 1181 | 成實論 | 200元 | 86年11月 |
| 1182 | 俱舍論 | 200元 | 87年5月 |
| **律　宗　類** | | | |
| 1183 | 佛說梵網經 | 200元 | 86年11月 |
| 1184 | 四分律 | 200元 | 86年11月 |
| 1185 | 戒律學綱要 | 不零售 | 86年11月 |
| 1186 | 優婆塞戒經 | 不零售 | 86年11月 |
| **本　緣　類** | | | |
| 1187 | 六度集經 | 200元 | 85年9月 |
| 1188 | 百喻經 | 200元 | 86年11月 |

# 《中國佛教經典寶藏精選白話版》
# 總目錄

| | | | |
|---|---|---|---|
| 1147 | 佛堂講話 | 200元 | 86年11月 |
| 1148 | 信願念佛 | 200元 | 86年11月 |
| 1149 | 精進佛七開示錄 | 200元 | 86年11月 |
| 1150 | 往生有分 | 200元 | 86年11月 |
| | **法　華　類** | | |
| 1151 | 法華經 | 200元 | 85年9月 |
| 1152 | 金光明經 | 200元 | 85年9月 |
| 1153 | 天台四教儀 | 200元 | 86年11月 |
| 1154 | 金剛錍 | 200元 | 87年7月 |
| 1155 | 教觀綱宗 | 200元 | 87年5月 |
| 1156 | 摩訶止觀 | 200元 | 86年11月 |
| 1157 | 法華思想 | 200元 | 87年7月 |
| | **華　嚴　類** | | |
| 1158 | 華嚴經 | 200元 | 85年9月 |
| 1159 | 圓覺經 | 200元 | 85年9月 |
| 1160 | 華嚴五教章 | 200元 | 86年11月 |
| 1161 | 華嚴金師子章 | 200元 | 85年9月 |
| 1162 | 華嚴原人論 | 200元 | 85年9月 |
| 1163 | 華嚴學 | 200元 | 86年11月 |
| 1164 | 華嚴經講話 | 不零售 | 86年11月 |
| | **唯　識　類** | | |
| 1165 | 解深密經 | 200元 | 87年5月 |
| 1166 | 楞伽經 | 200元 | 85年9月 |
| 1167 | 勝鬘經 | 200元 | 86年11月 |
| 1168 | 十地經論 | 200元 | 85年9月 |

# 《中國佛教經典寶藏精選白話版》總目錄

| | | | |
|---|---|---|---|
| 1121 | 永嘉證道歌・信心銘 | 200元 | 86年4月 |
| 1122 | 祖堂集 | 200元 | 85年9月 |
| 1123 | 神會語錄 | 200元 | 85年9月 |
| 1124 | 指月錄 | 200元 | 86年4月 |
| 1125 | 從容錄 | 200元 | 86年4月 |
| 1126 | 禪宗無門關 | 200元 | 86年4月 |
| 1127 | 景德傳燈錄 | 200元 | 86年4月 |
| 1128 | 碧巖錄 | 200元 | 86年4月 |
| 1129 | 緇門警訓 | 200元 | 86年4月 |
| 1130 | 禪林寶訓 | 200元 | 86年4月 |
| 1131 | 禪林象器箋 | 200元 | 86年4月 |
| 1132 | 禪門師資承襲圖 | 200元 | 85年9月 |
| 1133 | 禪源諸詮集都序 | 200元 | 85年9月 |
| 1134 | 臨濟錄 | 200元 | 86年4月 |
| 1135 | 來果禪師語錄 | 200元 | 86年4月 |
| 1136 | 中國佛學特質在禪 | 200元 | 86年4月 |
| 1137 | 星雲禪話 | 200元 | 86年4月 |
| 1138 | 禪話與淨話 | 200元 | 86年4月 |
| 1139 | 釋禪波羅蜜 | 200元 | 87年5月 |

## 淨　土　類

| | | | |
|---|---|---|---|
| 1140 | 般舟三昧經 | 200元 | 86年4月 |
| 1141 | 淨土三經 | 200元 | 86年4月 |
| 1142 | 佛說彌勒上生下生經 | 200元 | 85年9月 |
| 1143 | 安樂集 | 200元 | 85年9月 |
| 1144 | 萬善同歸集 | 200元 | 85年9月 |
| 1145 | 維摩詰經 | 200元 | 86年4月 |
| 1146 | 藥師經 | 200元 | 86年11月 |

# 《中國佛教經典寶藏精選白話版》總目錄

| 書號 | 書名 | 定價 | 出版日期 |
|---|---|---|---|
| | **阿含類** | | |
| 1101 | 中阿含經 | 200元 | 86年4月 |
| 1102 | 長阿含經 | 200元 | 86年4月 |
| 1103 | 增一阿含經 | 200元 | 86年4月 |
| 1104 | 雜阿含經 | 200元 | 86年4月 |
| | **般若類** | | |
| 1105 | 金剛經 | 200元 | 85年9月 |
| 1106 | 般若心經 | 不零售 | 86年4月 |
| 1107 | 大智度論 | 200元 | 86年4月 |
| 1108 | 大乘玄論 | 200元 | 86年4月 |
| 1109 | 十二門論 | 200元 | 86年4月 |
| 1110 | 中論 | 200元 | 86年4月 |
| 1111 | 百論 | 200元 | 86年4月 |
| 1112 | 肇論 | 200元 | 85年9月 |
| 1113 | 辯中邊論 | 200元 | 86年4月 |
| 1114 | 空的哲理 | 200元 | 86年4月 |
| 1115 | 金剛經講話 | 不零售 | 86年11月 |
| | **禪宗類** | | |
| 1116 | 人天眼目 | 200元 | 86年4月 |
| 1117 | 大慧普覺禪師語錄 | 200元 | 86年4月 |
| 1118 | 六祖壇經 | 200元 | 86年4月 |
| 1119 | 天童正覺禪師語錄 | 200元 | 87年5月 |
| 1120 | 正法眼藏 | 200元 | 86年4月 |

| | | | |
|---|---|---|---|
| 8303 | 利器之輪——修心法要 | 法護大師著 | 160 |
| 8350 | 絲路上的梵歌 | 梁 丹 丰著 | 170 |
| 8400 | 海天遊蹤 | 星雲大師著 | 200 |
| 8500 | 禪話禪畫 | 星雲大師著 | 750 |
| 8550 | 諦聽 | 王靜蓉等著 | 160 |
| | 童話漫畫叢書 | 著者 | 定價 |
| 8601 | 童話書(第一輯) | 釋 宗 融編 | 700 |
| 8602 | 童話書(第二輯) | 釋 宗 融編 | 850 |
| 8611 | 童話畫(第一輯) | 釋 心 寂編 | 350 |
| 8612 | 童話畫(第二輯) | 釋 心 寂編 | 350 |
| 8621-01 | 窮人逃債・阿凡和黃鼠狼 | 潘人木改寫 | 220 |
| 8621-02 | 半個銅錢・水中撈月 | 洪志明改寫 | 220 |
| 8621-03 | 王大寶買東西・不簡單先生 | 管家琪改寫 | 220 |
| 8621-04 | 睡半張床的人・陶器師傅 | 洪志明改寫 | 220 |
| 8621-05 | 多多的羊・只要蓋三樓 | 黃淑萍改寫 | 220 |
| 8621-06 | 甘蔗汁澆甘蔗・好味道變苦味道 | 謝武彰改寫 | 220 |
| 8621-07 | 兩兄弟・大呆吹牛 | 管家琪改寫 | 220 |
| 8621-08 | 遇鬼記・好吃的梨 | 洪志明改寫 | 220 |
| 8621-09 | 阿威和強盜・花鴿子與灰鴿子 | 黃淑萍改寫 | 220 |
| 8621-10 | 誰是大笨蛋・小猴子認爸爸 | 方素珍改寫 | 220 |
| 8621-11 | 偷牛的人・猴子扔豆子 | 林 良改寫 | 220 |
| 8621-12 | 只要吃半個・小黃狗種饅頭 | 方素珍改寫 | 220 |
| 8621-13 | 大西瓜・阿土伯種麥 | 陳木城改寫 | 220 |
| 8621-14 | 半夜鬼推鬼・小白和小烏龜 | 謝武彰改寫 | 220 |
| 8621-15 | 蔡寶不洗澡・阿土和駱駝 | 王金選改寫 | 220 |
| 8621-16 | 看門的人・砍樹摘果子 | 潘人木改寫 | 220 |
| 8621-17 | 愚人擠驢奶・顚三和倒四 | 馬景賢改寫 | 220 |
| 8621-18 | 分大餅・最寶貴的東西 | 杜榮琛改寫 | 220 |
| 8621-19 | 黑馬變白馬・銀鉢在哪裏 | 釋慧慶改寫 | 220 |
| 8621-20 | 樂昏了頭・沒腦袋的阿福 | 周慧珠改寫 | 220 |
| 8700 | 佛教童話集(第一集) | 張 慈 蓮輯 | 120 |
| 8701 | 佛教童話集(第二集) | 張 慈 蓮輯 | 120 |
| 8702 | 佛教故事大全(上) | 釋慈莊等著 | 250 |
| 8703 | 化生王子(童話) | 釋 宗 融著 | 150 |
| 8704 | 佛教故事大全(下) | 釋慈莊等著 | 250 |
| 8800 | 佛陀的一生(漫畫) | TAKAHASHI著 | 120 |
| 8801 | 大願地藏王菩薩畫傳(漫畫) | 許 貿 淞繪 | 300 |
| 8802 | 菩提達磨(漫畫) | 本 社譯 | 100 |
| 8803 | 極樂與地獄(漫畫) | 釋 心 寂繪 | 180 |
| 8804 | 王舍城的故事(漫畫) | 釋 心 寂繪 | 250 |
| 8805 | 僧伽的光輝(漫畫) | 黃耀傑等繪 | 150 |
| 8806 | 南海觀音大士(漫畫) | 許 貿 淞繪 | 300 |

| | | | |
|---|---|---|---|
| 8807 | 玉琳國師(漫畫) | 劉素珍等繪 | 200 |
| 8808 | 七譬喩(漫畫) | 黃 麗 娟繪 | 180 |
| 8809 | 鳩摩羅什(漫畫) | 黃耀傑等繪 | 160 |
| 8810 | 少女的夢(漫畫) | 郭 幸 鳳繪 | 180 |
| 8811 | 金山活佛(漫畫) | 黃 壽 忠繪 | 270 |
| 8812 | 隱形佛(漫畫) | 郭 幸 鳳繪 | 180 |
| 8813 | 漫畫心經 | 蔡 志 忠繪 | 140 |
| 8814 | 十大弟子傳(漫畫) | 郭 豪 允繪 | 排印中 |
| 8900 | 槃達龍王(漫畫) | 黃耀傑等繪 | 120 |
| 8901 | 富人與鼈(漫畫) | 鄧博文等繪 | 120 |
| 8902 | 金盤(漫畫) | 張乃元等繪 | 120 |
| 8903 | 捨身的兎子(漫畫) | 洪 義 男繪 | 120 |
| 8904 | 彌蘭遊記(漫畫) | 蘇 晉 儀繪 | 80 |
| 8905 | 不愛江山的國王(漫畫) | 蘇 晉 儀繪 | 80 |
| 8906 | 鬼子母(漫畫) | 余 明 苑繪 | 120 |
| | 工具叢書 | 著者 | 定價 |
| 9000 | 雜阿含・全四册(恕不退貨) | 佛 光 山編 | 2000 |
| 9016 | 阿含藏・全套附索引共17册(恕不退貨) | 佛 光 山編 | 8000 |
| 9067 | 禪藏・全套附索引共51册(恕不退貨) | 佛 光 山編 | 36,000 |
| 9109 | 般若藏 | 佛 光 山編 | 30,000 |
| 9200 | 中英佛學辭典 | 本 社編 | 500 |
| 9201B | 佛光大辭典(恕不退貨) | 佛 光 山編 | 6000 |
| 9300 | 佛教史年表 | 本 社編 | 450 |
| 9501 | 世界佛教青年會1985年學術會議實錄 | 佛 光 山編 | 400 |
| 9502 | 世界顯密佛學會議實錄 | 佛 光 山編 | 500 |
| 9503 | 世界佛教徒友誼會第十六屆大會<br>佛光山美國西來寺落成典禮暨傳戒法會紀念特刊 | 佛 光 山編 | 500 |
| 9504 | 世界佛教徒友會第十六屆大會暨<br>世界佛教青年友誼會第七屆大會實錄 | 佛 光 山編 | 紀念藏 |
| 9505 | 佛光山1989年國際禪學會議實錄 | 佛 光 山編 | 紀念藏 |
| 9506 | 佛光山1990年佛教學術會議實錄 | 佛 光 山編 | 紀念藏 |
| 9507 | 佛光山1990年國際佛教學術會論文集 | 佛 光 山編 | 紀念藏 |
| 9508 | 佛光山1991年國際佛教學術會論文集 | 佛 光 山編 | 紀念藏 |
| 9509 | 世界佛教徒友會第十八屆大會暨<br>世界佛教青年友誼會第九屆大會實錄 | 佛 光 山編 | 紀念藏 |
| 9511 | 世界傑出婦女會議特刊 | 佛 光 山編 | 紀念藏 |
| 9600 | 跨世紀的悲欣歲月—走過台灣佛教五十年寫眞 | | 1500 |
| 9700 | 抄經本 | 佛 光 山編 | 120 |
| 9701 | 般若波羅蜜多心經抄經本 | 潘 慶 忠書 | 100 |
| 9202 | 佛說阿彌陀經抄經本 | 戴 德 書 | 100 |
| 9703 | 妙法蓮華經觀世音菩薩普門品抄經本 | 戴 德 書 | 100 |
| | 法器文物 | 著者 | 定價 |
| 0900 | 陀羅尼經被(單) | 本 社製 | 1000 |
| 0901 | 陀羅尼經被(雙) | 本 社製 | 2000 |
| 0950 | 佛光山風景明信片 | 本 社製 | 60 |

# CATALOG OF ENGLISH BOOKS

| | BUDDHIST SCRIPTURE | AUTHER | PRICE |
|---|---|---|---|
| A001 | VERSES OF THE BUDDHA'S TEACHINGS | VEN. KHANTIPALO THERA | 150 |
| A002 | THE SCRIPTURE OF ONE HUNDRED PARABLES | LI RONGXI | 排印中 |
| | SERIES OF VENERABLE MASTER HSING YUN'S LITERARY WORKS | AUTHER | PRICE |
| M101 | HSING YUN'S CH'AN TALK(1) | VEN.MASTER HSING YUN | 180 |
| M102 | HSING YUN'S CH'AN TALK(2) | VEN.MASTER HSING YUN | 180 |
| M103 | HSING YUN'S CH'AN TALK(3) | VEN.MASTER HSING YUN | 180 |
| M104 | HSING YUN'S CH'AN TALK(4) | VEN.MASTER HSING YUN | 180 |
| M105 | HANDING DOWN THE LIGHT | FU CHI-YING | 360 |
| M106 | CON SUMO GUSTO | VEN.MASTER HSING YUN | 100 |

| | | | |
|---|---|---|---|
| 5610 | 九霄雲外有神仙—琉璃人生④ | 夏元瑜等著 | 150 |
| 5611 | 生命的活水㈠ | 陳履安等著 | 160 |
| 5612 | 生命的活水㈡ | 高希均等著 | 160 |
| 5613 | 心行處滅—禪宗的心靈治療個案 | 黃 文 翔著 | 150 |
| 5614 | 水晶的光芒(上) | 仲南萍等著 | 200 |
| 5615 | 水晶的光芒(下) | 潘 煊等著 | 200 |
| 5616 | 全新的一天 | 廖輝英等著 | 150 |
| 5700 | 譬喻 | 釋 性 瀅著 | 120 |
| 5701 | 星雲說偈㈠ | 星雲大師著 | 150 |
| 5702 | 星雲說偈㈡ | 星雲大師著 | 150 |
| 5707 | 經論指南—藏經序文選譯 | 圓 香等著 | 200 |
| 5800 | 1976年佛學研究論文集 | 東初長老等著 | 350 |
| 5801 | 1977年佛學研究論文集 | 楊白衣等著 | 350 |
| 5802 | 1978年佛學研究論文集 | 印順長老等著 | 350 |
| 5803 | 1979年佛學研究論文集 | 霍韜晦等著 | 350 |
| 5804 | 1980年佛學研究論文集 | 張曼濤等著 | 350 |
| 5805 | 1981年佛學研究論文集 | 程兆熊等著 | 350 |
| 5806 | 1991年佛學研究論文集 | 鎌田茂雄等著 | 350 |
| 5809 | 1994年佛學研究論文集㈠—佛與花 | | 400 |
| 5810 | 1995年佛學研究論文集㈡—佛教現代化 | | 400 |
| 5811 | 1996年佛學研究論文集㈠—當代台灣的社會與宗教 | | 350 |
| 5812 | 1996年佛學研究論文集㈡—當代宗教理論的省思 | | 350 |
| 5813 | 1996年佛學研究論文集㈢—當代宗教的發展趨勢 | | 350 |
| 5814 | 1996年佛學研究論文集㈣—佛教思想的當代詮釋 | | 350 |
| 5900 | 佛教歷史百問 | 業 露 華著 | 180 |
| 5901 | 佛教文化百問 | 何 雲著 | 180 |
| 5902 | 佛教藝術百問 | 丁明夷等著 | 180 |
| 5904 | 佛教典籍百問 | 方 廣 錩著 | 180 |
| 5905 | 佛教密宗百問 | 李冀誠等著 | 180 |
| 5906 | 佛教氣功百問 | 陳 兵著 | 180 |
| 5907 | 佛教禪宗百問 | 潘 桂 明著 | 180 |
| 5908 | 道教氣功百問 | 陳 兵著 | 180 |
| 5909 | 道教知識百問 | 盧 國 龍著 | 180 |
| 5911 | 禪詩今譯百首 | 王 志 遠著 | 180 |
| 5912 | 印度宗教哲學百問 | 姚 衛 羣著 | 180 |
| 5914 | 伊斯蘭教歷史百問 | 沙秋眞等著 | 180 |
| 5915 | 伊斯蘭教文化百問 | 馮今源等著 | 180 |
| | **儀制叢書** | **著者** | **定價** |
| 6000 | 宗教法規十講 | 吳 堯 峰著 | 400 |
| 6001 | 梵唄課誦本 | 本 社編 | 50 |
| 6002 | 大悲懺儀合節 | 本 社編 | 80 |
| 6500 | 中國佛教與社會福利事業 | 道瑞良秀著 | 100 |
| 6700 | 無聲息的歌息 | 星雲大師著 | 100 |
| | **用世叢書** | **著者** | **定價** |
| 7501 | 佛光山靈異錄㈠ | 釋依空等著 | 100 |
| 7502 | 怎樣做個佛光人 | 星雲大師著 | 50 |
| 7504 | 佛光山印度朝聖專輯 | 釋心定等著 | 200 |
| 7505 | 佛光山開山二十週年紀念特刊 | 佛 光 山編 | 紀念藏 |
| 7510 | 佛光山開山三十週年紀念特刊 | 佛 光 山編 | 10000 |
| 7700 | 念佛四大要訣 | 戀西大師著 | 80 |
| 7800 | 跨越生命的藩籬—佛教生死學 | 吳東權等著 | 150 |
| 7801 | 禪的智慧vs現代管理 | 蕭 武 桐著 | 150 |
| 7802 | 遠颺的梵唱—佛教在亞細亞 | 鄭振煌等著 | 160 |
| 7803 | 如何解脫人生病苦—佛教養生學 | 胡 秀 卿著 | 150 |
| | **藝文叢書** | **著者** | **定價** |
| 8000 | 覷紅塵(散文) | 方 杞著 | 120 |
| 8001 | 以水爲鑑(散文) | 張 培 耕著 | 100 |
| 8002 | 萬壽日記(散文) | 釋 慈 怡著 | 80 |
| 8003 | 敬告佛子書(散文) | 釋 慈 嘉著 | 120 |
| 8004 | 善財五十三參 | 鄭 秀 雄著 | 150 |
| 8005 | 第一聲蟬嘶(散文) | 忻 愉著 | 100 |
| 8007 | 禪的修行生活—雲水日記 | 佐藤義英著 | 180 |
| 8008 | 生活的廟宇(散文) | 王 靜 蓉著 | 120 |
| 8009 | 人生禪㈠ | 方 杞著 | 140 |
| 8010 | 人生禪㈡ | 方 杞著 | 140 |
| 8011 | 佛教說話文學全集㈠ | 劉欣如改寫 | 150 |
| 8012 | 佛教說話文學全集㈡ | 劉欣如改寫 | 150 |
| 8013 | 佛教說話文學全集㈢ | 劉欣如改寫 | 150 |
| 8014 | 佛教說話文學全集㈣ | 劉欣如改寫 | 150 |
| 8015 | 佛教說話文學全集㈤ | 劉欣如改寫 | 150 |
| 8017 | 佛教說話文學全集㈦ | 劉欣如改寫 | 150 |
| 8018 | 佛教說話文學全集㈧ | 劉欣如改寫 | 150 |
| 8019 | 佛教說話文學全集㈨ | 劉欣如改寫 | 150 |
| 8020 | 佛教說話文學全集㈩ | 劉欣如改寫 | 150 |
| 8021 | 佛教說話文學全集⑾ | 劉欣如改寫 | 150 |
| 8022 | 人生禪㈢ | 方 杞著 | 140 |
| 8023 | 人生禪㈣ | 方 杞著 | 140 |
| 8024 | 紅樓夢與禪 | 圓 香著 | 120 |
| 8025 | 回歸佛陀的時代 | 張 培 耕著 | 100 |
| 8026 | 佛踪萬里紀遊 | 張 培 耕著 | 100 |
| 8028 | 一鉢山水錄(散文) | 釋 宏 意著 | 120 |
| 8029 | 人生禪㈤ | 方 杞著 | 140 |
| 8030 | 人生禪㈥ | 方 杞著 | 140 |
| 8031 | 人生禪㈦ | 方 杞著 | 140 |
| 8032 | 人生禪㈧ | 方 杞著 | 排印中 |
| 8033 | 人生禪㈨ | 方 杞著 | 排印中 |
| 8034 | 人生禪㈩ | 方 杞著 | 排印中 |
| 8035 | 擦亮心燈 | 鄭 佩 佩著 | 180 |
| 8100 | 僧伽(佛教散文選第一集) | 簡 媜等著 | 120 |
| 8101 | 情緣(佛教散文選第二集) | 孟 瑤等著 | 120 |
| 8102 | 半是青山半白雲(佛教散文選第三集) | 林清玄等著 | 150 |
| 8103 | 宗月大師(佛教散文選第四集) | 老 舍等著 | 120 |
| 8104 | 大佛的沉思(佛教散文選第五集) | 許墨林等著 | 140 |
| 8200 | 悟(佛教小說選第一集) | 孟 瑤等著 | 120 |
| 8201 | 不同的愛(佛教小說選第二集) | 星雲大師著 | 120 |
| 8204 | 蟠龍山(小說) | 康 白著 | 120 |
| 8205 | 緣起緣滅(小說) | 康 白著 | 150 |
| 8207 | 命命鳥(佛教小說選第五集) | 許地山等著 | 140 |
| 8208 | 天寶寺傳奇(佛教小說選第六集) | 姜天民等著 | 140 |
| 8209 | 地獄之門(佛教小說選第七集) | 陳望塵等著 | 140 |
| 8210 | 黃花無語(佛教小說選第八集) | 程乃珊等著 | 140 |
| 8220 | 心靈的畫師(小說) | 陳 慧 劍著 | 100 |
| 8300 | 佛教聖歌集 | 本 社編 | 300 |
| 8301 | 童韻心聲 | 高惠美等編 | 120 |

| | | | |
|---|---|---|---|
| 3406 | 金山活佛 | 煮雲法師著 | 130 |
| 3407 | 無著與世親 | 木村園江著 | 130 |
| 3408 | 弘一大師與文化名流 | 陳　星著 | 150 |
| 3500 | 皇帝與和尚 | 煮雲法師著 | 130 |
| 3501 | 人間情味—豐子愷傳 | 陳　星著 | 180 |
| 3502 | 豐子愷的藝術世界 | 陳　星著 | 160 |
| 3600 | 玄奘大師傳(中國佛教高僧全集1) | 圓　香著 | 350 |
| 3601 | 鳩摩羅什大師傳(中國佛教高僧全集2) | 宣建人著 | 250 |
| 3602 | 法顯大師傳(中國佛教高僧全集3) | 陳白夜著 | 250 |
| 3603 | 惠能大師傳(中國佛教高僧全集4) | 陳南燕著 | 250 |
| 3604 | 蓮池大師傳(中國佛教高僧全集5) | 項冰如著 | 250 |
| 3605 | 鑑眞大師傳(中國佛教高僧全集6) | 傅　傑著 | 250 |
| 3606 | 曼殊大師傳(中國佛教高僧全集7) | 陳　星著 | 250 |
| 3607 | 寒山大師傳(中國佛教高僧全集8) | 薛家柱著 | 250 |
| 3608 | 佛圖澄大師傳(中國佛教高僧全集9) | 葉　斌著 | 250 |
| 3609 | 智者大師傳(中國佛教高僧全集10) | 王仲堯著 | 250 |
| 3610 | 寄禪大師傳(中國佛教高僧全集11) | 周維強著 | 250 |
| 3611 | 憨山大師傳(中國佛教高僧全集12) | 項　東著 | 250 |
| 3657 | 懷海大師傳(中國佛教高僧全集13) | 華鳳蘭著 | 250 |
| 3661 | 法藏大師傳(中國佛教高僧全集14) | 王仲堯著 | 250 |
| 3632 | 僧肇大師傳(中國佛教高僧全集15) | 張　強著 | 250 |
| 3617 | 慧遠大師傳(中國佛教高僧全集16) | 傅紹良著 | 250 |
| 3679 | 道安大師傳(中國佛教高僧全集17) | 龔　雋著 | 250 |
| 3669 | 紫柏大師傳(中國佛教高僧全集18) | 張國紅著 | 250 |
| 3656 | 圜悟克勤大師傳(中國佛教高僧全集19) | 吳言生著 | 250 |
| 3676 | 安世高大師傳(中國佛教高僧全集20) | 趙福蓮著 | 250 |
| 3681 | 義淨大師傳(中國佛教高僧全集21) | 王亞榮著 | 250 |
| 3684 | 眞諦大師傳(中國佛教高僧全集22) | 李利安著 | 250 |
| 3680 | 道生大師傳(中國佛教高僧全集23) | 楊維忠著 | 250 |
| 3693 | 弘一大師傳(中國佛教高僧全集24) | 陳　星著 | 250 |
| 3671 | 見月大師傳(中國佛教高僧全集25) | 溫金玉著 | 250 |
| 3672 | 僧祐大師傳(中國佛教高僧全集26) | 章義和著 | 250 |
| 3648 | 雲門大師傳(中國佛教高僧全集27) | 李安綱著 | 250 |
| 3633 | 達摩大師傳(中國佛教高僧全集28) | 程世和著 | 250 |
| 3667 | 懷素大師傳(中國佛教高僧全集29) | 劉明立著 | 250 |
| 3688 | 世親大師傳(中國佛教高僧全集30) | 李利安著 | 250 |
| 3700 | 日本禪僧涅槃記(上) | 曾普信著 | 150 |
| 3701 | 日本禪僧涅槃記(下) | 曾普信著 | 150 |
| 3702 | 仙崖禪師軼事 | 石村善右著 | 100 |
| 3900 | 印度佛教史概說 | 佐佐木教悟等著 | 170 |
| 3901 | 韓國佛教史 | 愛宕顯昌著 | 100 |
| 3902 | 印度教與佛教史綱㈠ | 查爾斯·埃利奧特著 | 300 |
| 3903 | 印度教與佛教史綱㈡ | 查爾斯·埃利奧特著 | 300 |
| 3905 | 大史(上) | 摩訶那摩等著 | 350 |
| 3906 | 大史(下) | 摩訶那摩等著 | 350 |
| | **文選叢書** | **著者** | **定價** |
| 5001 | 星雲大師講演集㈠ | 星雲大師著 | 300 |
| 5004 | 星雲大師講演集㈣ | 星雲大師著 | 300 |
| 5101 | 星雲禪話㈠ | 星雲大師著 | 150 |
| 5102 | 星雲禪話㈡ | 星雲大師著 | 150 |
| 5103 | 星雲禪話㈢ | 星雲大師著 | 150 |
| 5104 | 星雲禪話㈣ | 星雲大師著 | 150 |

| | | | |
|---|---|---|---|
| 5107 | 星雲法語㈠ | 星雲大師著 | 150 |
| 5108 | 星雲法語㈡ | 星雲大師著 | 150 |
| 5113 | 心甘情願—星雲百語㈠ | 星雲大師著 | 100 |
| 5114 | 皆大歡喜—星雲百語㈡ | 星雲大師著 | 100 |
| 5115 | 老二哲學—星雲百語㈢ | 星雲大師著 | 100 |
| 5201 | 星雲日記㈠—安然自在 | 星雲大師著 | 150 |
| 5202 | 星雲日記㈡—創造全面的人生 | 星雲大師著 | 150 |
| 5203 | 星雲日記㈢—不負西來意 | 星雲大師著 | 150 |
| 5204 | 星雲日記㈣—凡事超然 | 星雲大師著 | 150 |
| 5205 | 星雲日記㈤—人忙心不忙 | 星雲大師著 | 150 |
| 5206 | 星雲日記㈥—不請之友 | 星雲大師著 | 150 |
| 5207 | 星雲日記㈦—找出內心平衡點 | 星雲大師著 | 150 |
| 5208 | 星雲日記㈧—慈悲不是定點 | 星雲大師著 | 150 |
| 5209 | 星雲日記㈨—觀心自在 | 星雲大師著 | 150 |
| 5210 | 星雲日記㈩—勤耕心田 | 星雲大師著 | 150 |
| 5211 | 星雲日記(十一)—菩薩情懷 | 星雲大師著 | 150 |
| 5212 | 星雲日記(十二)—處處無家處處家 | 星雲大師著 | 150 |
| 5213 | 星雲日記(十三)—法無定法 | 星雲大師著 | 150 |
| 5214 | 星雲日記(十四)—說忙說閒 | 星雲大師著 | 150 |
| 5215 | 星雲日記(十五)—緣滿人間 | 星雲大師著 | 150 |
| 5216 | 星雲日記(十六)—禪的妙用 | 星雲大師著 | 150 |
| 5217 | 星雲日記(十七)—不二法門 | 星雲大師著 | 150 |
| 5218 | 星雲日記(十八)—把心找回來 | 星雲大師著 | 150 |
| 5219 | 星雲日記(十九)—談心接心 | 星雲大師著 | 150 |
| 5220 | 星雲日記(二十)—談空說有 | 星雲大師著 | 150 |
| 5400 | 覺世論叢 | 星雲大師著 | 100 |
| 5402 | 雲南大理佛教論文集 | 藍吉富等著 | 350 |
| 5411 | 我看美國人 | 釋慈容著 | 250 |
| 5503 | 本生經的起源及其開展 | 釋依淳著 | 200 |
| 5504 | 六波羅蜜的研究 | 釋依日著 | 120 |
| 5505 | 禪宗無門關重要公案之研究 | 楊新瑛著 | 150 |
| 5506 | 原始佛教四諦思想 | 聶秀藻著 | 120 |
| 5507 | 般若與玄學 | 楊俊誠著 | 150 |
| 5508 | 大乘佛教倫理思想研究 | 李明芳著 | 120 |
| 5509 | 印度佛教蓮花紋飾之探討 | 郭乃彰著 | 120 |
| 5510 | 淨土三系之研究 | 廖閱鵬著 | 120 |
| 5511 | 佛教文學對中國小說的影響 | 釋永祥著 | 120 |
| 5512 | 佛教的女性觀 | 釋永明著 | 120 |
| 5513 | 盛唐詩與禪 | 姚儀敏著 | 150 |
| 5514 | 禪宗思想的形成與發展 | 洪修平著 | 200 |
| 5515 | 晚唐臨濟宗思想評述 | 杜寒風著 | 220 |
| 5516 | 弘一大師出家前後書法風格之比較 | 李璧苑著 | 排印中 |
| 5600 | 一句偈㈠ | 星雲大師等著 | 150 |
| 5601 | 一句偈㈡ | 鄭石岩等著 | 150 |
| 5602 | 善女人 | 宋雅姿等著 | 150 |
| 5603 | 善男子 | 傅偉勳等著 | 150 |
| 5604 | 生活無處不是禪 | 鄭石岩等著 | 150 |
| 5605 | 佛教藝術的傳人 | 陳清香等著 | 160 |
| 5606 | 與永恆對唱—細說當代傳奇人物 | 釋永芸等著 | 160 |
| 5607 | 疼惜阮青春—琉璃人生① | 王靜蓉等著 | 150 |
| 5608 | 三十三天天外天—琉璃人生② | 林清玄等著 | 150 |
| 5609 | 平常歲月平常心—琉璃人生③ | 薇薇夫人等著 | 150 |

| | | | |
|---|---|---|---|
| 1190 | 本生經的起源及其開展 | 釋依淳著 | 不零售 |
| 1191 | 人間巧喻 | 釋依空著 | 200 |
| 1192 | 大乘本生心地觀經 | 圓香著 | 不零售 |
| 1193 | 南海寄歸內法傳 | 華濤釋譯 | 200 |
| 1194 | 入唐求法巡禮記 | 潘平釋譯 | 200 |
| 1195 | 大唐西域記 | 王邦維釋譯 | 200 |
| 1196 | 比丘尼傳 | 朱良志·詹緒左釋譯 | 200 |
| 1197 | 弘明集 | 吳遠釋譯 | 200 |
| 1198 | 出三藏記集 | 呂有祥釋譯 | 200 |
| 1199 | 牟子理惑論 | 梁慶寅釋譯 | 200 |
| 1200 | 佛國記 | 吳玉貴釋譯 | 200 |
| 1201 | 宋高僧傳 | 賴永海釋譯 | 200 |
| 1202 | 唐高僧傳 | 賴永海釋譯 | 200 |
| 1203 | 梁高僧傳 | 賴永海釋譯 | 200 |
| 1204 | 異部宗輪論 | 姚治華釋譯 | 200 |
| 1205 | 廣弘明集 | 鞏本棟釋譯 | 200 |
| 1206 | 輔教編 | 張宏生釋譯 | 200 |
| 1207 | 釋迦牟尼佛傳 | 星雲大師著 | 不零售 |
| 1208 | 中國佛教名山勝地寺志 | 林繼中釋譯 | 200 |
| 1209 | 勅修百丈清規 | 謝重光釋譯 | 200 |
| 1210 | 洛陽伽藍記 | 曹虹釋譯 | 200 |
| 1211 | 佛教新出碑志集粹 | 丁明夷釋譯 | 200 |
| 1212 | 佛教文學對中國小說的影響 | 釋永祥著 | 不零售 |
| 1213 | 佛遺教三經 | 藍天釋譯 | 200 |
| 1214 | 大般涅槃經 | 高振農釋譯 | 200 |
| 1215 | 地藏本願經·佛說盂蘭盆經·佛說父母恩重難報經 | 陳利權·伍玲玲釋譯 | 200 |
| 1216 | 安般守意經 | 杜繼文釋譯 | 200 |
| 1217 | 那先比丘經 | 吳根友釋譯 | 200 |
| 1218 | 大毘婆沙論 | 徐醒生釋譯 | 200 |
| 1219 | 大乘大義章 | 陳揚炯釋譯 | 200 |
| 1220 | 因明入正理論 | 宋立道釋譯 | 200 |
| 1221 | 宗鏡錄 | 潘桂明釋譯 | 200 |
| 1222 | 法苑珠林 | 王邦維釋譯 | 200 |
| 1223 | 經律異相 | 白化文·李鼎霞釋譯 | 200 |
| 1224 | 解脫道論 | 黃夏年釋譯 | 200 |
| 1225 | 雜阿毘曇心論 | 蘇軍釋譯 | 200 |
| 1226 | 弘一大師文集選要 | 弘一大師著 | 200 |
| 1227 | 滄海文集選集 | 釋幻生著 | 200 |
| 1228 | 勸發菩提心文講話 | 釋聖印著 | 不零售 |
| 1229 | 佛經概說 | 釋慈惠著 | 200 |
| 1230 | 佛教的女性觀 | 釋永明著 | 200 |
| 1231 | 涅槃思想研究 | 張曼濤著 | 不零售 |
| 1232 | 佛學與科學論文集 | 梁乃崇等著 | 200 |
| 1300 | 法華經教釋 | 太虛大師著 | 300 |
| 1301 | 觀世音菩薩普門品講話 | 森下大圓著 | 150 |
| 1600 | 華嚴經講話 | 鎌田茂雄著 | 220 |
| 1700 | 六祖壇經註釋 | 唐一玄著 | 180 |
| 1800 | 金剛經及心經釋義 | 張承斌著 | 100 |
| 1805 | 金剛般若波羅蜜經講話 | 釋竺摩著 | 150 |

| | 概論叢書 | 著者 | 定價 |
|---|---|---|---|
| 2000 | 八宗綱要 | 凝然大德著 | 200 |
| 2001 | 佛學概論 | 蔣維喬著 | 130 |
| 2002 | 佛教的起源 | 楊曾文著 | 130 |
| 2003 | 佛道詩禪 | 賴永海著 | 180 |
| 2100 | 佛家邏輯研究 | 霍韜晦著 | 150 |
| 2101 | 中國佛性論 | 賴永海著 | 250 |
| 2102 | 中國佛教文學 | 加地哲定著 | 180 |
| 2103 | 敦煌學 | 鄭金德著 | 180 |
| 2104 | 宗教與日本現代化 | 村上重良著 | 150 |
| 2200 | 金剛經靈異 | 張少齊著 | 140 |
| 2201 | 佛與般若之眞義 | 圓香著 | 120 |
| 2300 | 天台思想入門 | 鎌田茂雄著 | 120 |
| 2301 | 宋初天台佛學窺豹 | 王志遠著 | 150 |
| 2401 | 談心說識 | 釋依昱著 | 160 |
| 2500 | 淨土十要(上) | 蕅益大師選 | 180 |
| 2501 | 淨土十要(下) | 蕅益大師選 | 180 |
| 2700 | 頓悟的人生 | 釋依空著 | 150 |
| 2800 | 現代西藏佛教 | 鄭金德著 | 300 |
| 2801 | 藏學零墨 | 王堯著 | 150 |
| 2803 | 西藏文史考信集 | 王堯著 | 240 |
| 2804 | 西藏佛教密宗 | 李冀誠著 | 150 |

| | 教理叢書 | 著者 | 定價 |
|---|---|---|---|
| 4002 | 中國佛教哲學名相選釋 | 吳汝鈞著 | 140 |
| 4003 | 法相 | 釋慈莊著 | 250 |
| 4200 | 佛教中觀哲學 | 梶山雄一著 | 140 |
| 4201 | 大乘起信論講記 | 方倫著 | 140 |
| 4202 | 觀心·開心—大乘百法明門論解說1 | 釋依昱著 | 220 |
| 4203 | 知心·明心—大乘百法明門論解說2 | 釋依昱著 | 200 |
| 4205 | 空入門 | 梶山雄一著 | 170 |
| 4300 | 唯識哲學 | 吳汝鈞著 | 140 |
| 4301 | 唯識三頌講記 | 方倫著 | 140 |
| 4302 | 唯識思想要義 | 徐典正著 | 140 |
| 4700 | 眞智慧之門 | 侯秋東著 | 140 |

| | 史傳叢書 | 著者 | 定價 |
|---|---|---|---|
| 3000 | 中國佛學史論 | 褚柏思著 | 120 |
| 3002 | 中國佛教通史(第一卷) | 鎌田茂雄著 | 250 |
| 3003 | 中國佛教通史(第二卷) | 鎌田茂雄著 | 250 |
| 3004 | 中國佛教通史(第三卷) | 鎌田茂雄著 | 250 |
| 3005 | 中國佛教通史(第四卷) | 鎌田茂雄著 | 250 |
| 3100 | 中國禪宗史話 | 褚柏思著 | 120 |
| 3200 | 釋迦牟尼佛傳 | 星雲大師著 | 180 |
| 3201 | 十大弟子傳 | 星雲大師著 | 150 |
| 3300 | 中國禪 | 鎌田茂雄著 | 150 |
| 3301 | 中國禪祖師傳(上) | 曾普信著 | 150 |
| 3302 | 中國禪祖師傳(下) | 曾普信著 | 150 |
| 3303 | 天台大師 | 宮崎忠尚著 | 130 |
| 3304 | 十大名僧 | 洪修平著 | 150 |
| 3305 | 人間佛教的星雲—星雲大師行誼(一) | 本社著 | 150 |
| 3400 | 玉琳國師 | 星雲大師著 | 130 |
| 3401 | 緇門崇行錄 | 蓮池大師著 | 120 |
| 3402 | 佛門佳話 | 月基法師著 | 150 |
| 3403 | 佛門異記(一) | 煮雲法師著 | 180 |
| 3404 | 佛門異記(二) | 煮雲法師著 | 180 |
| 3405 | 佛門異記(三) | 煮雲法師著 | 180 |

# 佛光叢書目錄

⊙價格如有更動，以版權頁為準

| | 經典叢書 | 著者 | 定價 |
|---|---|---|---|
| 1000 | 八大人覺經十講 | 星雲大師著 | 120 |
| 1001 | 圓覺經自課 | 唐 一 玄著 | 120 |
| 1002 | 地藏經講記 | 釋 依 瑞著 | 250 |
| 1005 | 維摩經講話 | 釋 竺 摩著 | 200 |
| 1101 | 中阿含經 | 梁曉虹釋譯 | 200 |
| 1102 | 長阿含經 | 陳永革釋譯 | 200 |
| 1103 | 增一阿含經 | 耿 敬釋譯 | 200 |
| 1104 | 雜阿含經 | 吳 平釋譯 | 200 |
| 1105 | 金剛經 | 程恭讓釋譯 | 200 |
| 1106 | 般若心經 | 程恭讓·東初等釋譯 | 不零售 |
| 1107 | 大智度論 | 郲廷礎釋譯 | 200 |
| 1108 | 大乘玄論 | 邱高興釋譯 | 200 |
| 1109 | 十二門論 | 周學農釋譯 | 200 |
| 1110 | 中論 | 韓廷傑釋譯 | 200 |
| 1111 | 百論 | 強 昱釋譯 | 200 |
| 1112 | 肇論 | 洪修平釋譯 | 200 |
| 1113 | 辯中邊論 | 魏德東釋譯 | 200 |
| 1114 | 空的哲理 | 道安法師著 | 200 |
| 1115 | 金剛經講話 | 星雲大師著 | 不零售 |
| 1116 | 人天眼目 | 方 銘釋譯 | 200 |
| 1117 | 大慧普覺禪師語錄 | 潘桂明釋譯 | 200 |
| 1118 | 六祖壇經 | 李 申釋譯 | 200 |
| 1119 | 天童正覺禪師語錄 | 杜寒風釋譯 | 200 |
| 1120 | 正法眼藏 | 董 群釋譯 | 200 |
| 1121 | 永嘉證道歌·信心銘 | 何勁松·釋弘儒釋譯 | 200 |
| 1122 | 祖堂集 | 葛兆光釋譯 | 200 |
| 1123 | 神會語錄 | 邢東風釋譯 | 200 |
| 1124 | 指月錄 | 吳相洲釋譯 | 200 |
| 1125 | 從容錄 | 董 群釋譯 | 200 |
| 1126 | 禪宗無門關 | 魏道儒釋譯 | 200 |
| 1127 | 景德傳燈錄 | 張 華釋譯 | 200 |
| 1128 | 碧巖錄 | 任澤鋒釋譯 | 200 |
| 1129 | 緇門警訓 | 張學智釋譯 | 200 |
| 1130 | 禪林寶訓 | 徐小躍釋譯 | 200 |
| 1131 | 禪林象器箋 | 杜曉勤釋譯 | 200 |
| 1132 | 禪門師資承襲圖 | 張春波釋譯 | 200 |
| 1133 | 禪源諸詮集都序 | 閻 韜釋譯 | 200 |
| 1134 | 臨濟錄 | 張伯偉釋譯 | 200 |
| 1135 | 來果禪師語錄 | 來果禪師著 | 200 |
| 1136 | 中國佛學特質在禪 | 太虛大師著 | 200 |
| 1137 | 星雲禪話 | 星雲大師著 | 200 |
| 1138 | 禪話與淨話 | 方 倫著 | 200 |
| 1139 | 釋禪波羅蜜 | 黃 連 忠著 | 200 |
| 1140 | 般舟三昧經 | 吳立民·徐孫銘釋譯 | 200 |
| 1141 | 淨土三經 | 王月清釋譯 | 200 |
| 1142 | 佛說彌勒上生下生經 | 業露華釋譯 | 200 |
| 1143 | 安樂集 | 業露華釋譯 | 250 |
| 1144 | 萬善同歸集 | 袁家耀釋譯 | 200 |
| 1145 | 維摩詰經 | 賴永海釋譯 | 200 |
| 1146 | 藥師經 | 陳利權釋譯 | 200 |
| 1147 | 佛堂講話 | 道源法師著 | 200 |
| 1148 | 信願念佛 | 印光大師著 | 200 |
| 1149 | 精進佛七開示錄 | 煮雲法師著 | 200 |
| 1150 | 往生有分 | 妙蓮長老著 | 200 |
| 1151 | 法華經 | 董 群釋譯 | 200 |
| 1152 | 金光明經 | 張文良釋譯 | 200 |
| 1153 | 天台四教儀 | 釋永本釋譯 | 200 |
| 1154 | 金剛錍 | 王志遠釋譯 | 200 |
| 1155 | 教觀綱宗 | 王志遠釋譯 | 200 |
| 1156 | 摩訶止觀 | 王雷泉釋譯 | 200 |
| 1157 | 法華思想 | 平川彰等著 | 200 |
| 1158 | 華嚴經 | 高振農釋譯 | 200 |
| 1159 | 圓覺經 | 張保勝釋譯 | 200 |
| 1160 | 華嚴五教章 | 徐紹強釋譯 | 200 |
| 1161 | 華嚴金師子章 | 方立天釋譯 | 200 |
| 1162 | 華嚴原人論 | 李錦全釋譯 | 200 |
| 1163 | 華嚴學 | 龜川教信著 | 200 |
| 1164 | 華嚴經講話 | 鎌田茂雄著 | 不零售 |
| 1165 | 解深密經 | 程恭讓釋譯 | 200 |
| 1166 | 楞伽經 | 賴永海釋譯 | 200 |
| 1167 | 勝鬘經 | 王海林釋譯 | 200 |
| 1168 | 十地經論 | 魏常海釋譯 | 200 |
| 1169 | 大乘起信論 | 蕭蓮父釋譯 | 200 |
| 1170 | 成唯識論 | 韓廷傑釋譯 | 200 |
| 1171 | 唯識四論 | 陳 鵬釋譯 | 200 |
| 1172 | 佛性論 | 龔 雋釋譯 | 200 |
| 1173 | 瑜伽師地論 | 王海林釋譯 | 200 |
| 1174 | 攝大乘論 | 王 健釋譯 | 200 |
| 1175 | 唯識史觀及其哲學 | 釋 法 舫著 | 不零售 |
| 1176 | 唯識三頌講記 | 于 凌 波著 | 200 |
| 1177 | 大日經 | 呂建福釋譯 | 200 |
| 1178 | 楞嚴經 | 李富華釋譯 | 200 |
| 1179 | 金剛頂經 | 夏金華釋譯 | 200 |
| 1180 | 大佛頂首楞嚴經 | 圓 香著 | 不零售 |
| 1181 | 成實論 | 陸玉林釋譯 | 200 |
| 1182 | 俱舍論 | 宋志明釋譯 | 200 |
| 1183 | 佛說梵網經 | 季芳桐釋譯 | 200 |
| 1184 | 四分律 | 溫金玉釋譯 | 200 |
| 1185 | 戒律學綱要 | 釋 聖 嚴著 | 不零售 |
| 1186 | 優婆塞戒經 | 釋 能 學著 | 不零售 |
| 1187 | 六度集經 | 梁曉虹釋譯 | 200 |
| 1188 | 百喻經 | 屠友祥釋譯 | 200 |
| 1189 | 法句經 | 吳根友釋譯 | 200 |

中國佛教經典寶藏
精選白話版●那先比丘經

□總監修□星雲大師
□發行人□佛光山宗務委員會
心定和尚 慈莊法師 慈惠法師 慈容法師 慈嘉法師
依嚴法師 依恒法師 依空法師 依淳法師
□一九九七年九月初版

□總編輯□慈惠法師 依空法師(臺灣)
王志遠 賴永海(大陸)
□總連絡□吉廣輿 王淑慧
□釋譯者□吳根友
□美術編輯□陳婉玲
□法律顧問□蘇盈貴 舒建中 毛英富律師
□出版者□佛光文化事業有限公司
臺北市信義區松隆路三二七號八樓 ☎(〇二)七六九三二五〇
高雄縣大樹鄉佛光山寺 ☎(〇七)六五六四〇三八—九
□流通處□佛光書局
高雄市前金區賢中街二十七號 ☎(〇七)二七二八六四九
臺北市忠孝西路一段七十二號九樓之十四 ☎(〇二)三一四四六五九
臺北市汀州路三段一八八號二樓之四 ☎(〇二)三六五一八二六
臺北市信義區松隆路三二七號八樓 ☎(〇二)七六九三二五〇
中國北京海淀區中國圖書城
□定價□二〇〇元
□排版□上統電腦排版事業有限公司 ☎(〇二)七四〇二一三一—六
□印刷□沈氏藝術印刷股份有限公司 ☎(〇二)二七〇六一六一
□裝訂廠□聿成裝訂股份有限公司 ☎(〇二)二二二六九一三
□用紙□永豐餘七十磅象牙道林
□郵政劃撥第一八八八九四四八號 帳戶:佛光文化事業有限公司
□行政院新聞局出版事業登記證局版北市業字第四七八號
□如有缺頁或裝訂錯誤,請寄回本社更換

國家圖書館出版品預行編目資料

那先比丘經／吳根友釋譯. --初版. --臺北市：
佛光, 1997〔民86〕
面；　公分. --（佛光經典叢書；1217）
《中國佛教經典寶藏精選白話版；117》
參考書目：面
ISBN 957-543-643-1（精裝典藏版）
ISBN 957-543-644-X（平裝）

1.小乘經典

221.8　　　　86008612